심도있게 편찬된
구역 및 대학·청년부 BEST G.B.S. 시리즈

BEST
출애굽기 I

프리셉트

서문

하나님의 말씀을 향한 뜨거운 열정을 가진 한국 교회 성도들을 위하여 쉼없이 달려온 프리셉트성경연구원은, 쉽고도 심도있는 성경공부 교재 개발의 부르심에 따라 BEST G.B.S. 시리즈를 기획하여 출간하게 되었습니다.

BEST G.B.S.는 참여자들의 수준이 천차만별하고 그들이 처한 상황이 다양한 점을 고려하여, 다양한 포커스를 가진 도입글과 질문을 제시하였습니다. 뿐만 아니라 깊이있는 질문을 다각도에서 나눌 수 있도록 선택 질문을 기획하여 묵상의 깊이를 더하였습니다.

한편, 프리셉트성경연구원은 한국 교회를 효과적으로 돕는 다양한 교재를 구역, 셀, 소그룹, 그리고 청년부의 조모임을 위해 많이 개발하고 있습니다. 그 종별의 특징은 다음과 같습니다.

I. G.B.S. 교재의 종별 특징

1. High G.B.S. 시리즈
   평신도 소그룹 중 성경공부를 장기간 진행해 온 분들에게 적합한 교재입니다. 프리셉트성경연구원의 고급 과정(PUP)에서 다루는 내용을 압축하여 정리한 내용으로서, 참여자들이 1시간 정도 예습해 올 수 있을 때에 효과적으로 진행할 수 있는 교재입니다.

2. BEST G.B.S. 시리즈

참여자마다 다른 수준과 다양한 점을 고려하여, 다양한 포커스를 가진 도입글과 질문을 제시하였습니다. 뿐만 아니라 깊이있는 질문을 다각도에서 나눌 수 있도록 선택 질문을 기획하여 묵상의 깊이를 더하였습니다. 한편 BEST G.B.S.를 쉽고 편하게 진행하길 원한다면, 「더 깊은 연구와 묵상을 위하여」를 생략하고 다룰 수 있습니다.

3. 쉬운 G.B.S. 시리즈

이 교재는 누구나 예습없이 현장에서 질의응답식으로 쉽게 진행할 수 있게 구성되었습니다.

4. 주제별 G.B.S. 시리즈

이 교재는 성경의 내용을 주제별로 다뤄서 해당 주제에 대해 성경적 세계관을 확립하는 데 큰 도움을 줍니다.

5. 하나님 마음에 합한 시리즈

이 교재는 총 16가지 신앙생활에 관한 주제를 가지고 소그룹용으로 편찬한 교재로서, 쉬운 G.B.S.에 비해 다루는 내용이 넓고 깊습니다.

6. 40분 G.B.S. 시리즈

이 교재는 미국 프리셉트 본부에서 약 40분 동안 진행할 수 있게 기획된 교재로서, 활발한 토의식 성경공부에 편리하고 유용한 교재입니다.

7. 기타

그 외에 수련회용, 주말 성경학교용, 청소년용 등 많은 교재가 준비되어 있습니다.

II. 인도자를 위한 안내

1. 시작 시간을 정확하게 지키십시오.
2. 성령님께서 말씀의 비밀을 깨우쳐 주시도록 함께 기도하십시오.
3. 성경공부에 들어가기 전, 지난 주에 깨달은 말씀을 함께 나누면서 마음을 여는 시간을 가지십시오.
4. 인도자는 「도입을 위한 글」(서론)을 읽은 후, 다양한 질문을 하여 참여자들의 활발한 토론을 유도하십시오. 이때, 교재에 주어진 질문만 하지 말고 다른 보충 질문들을 준비하여 이끌어 가십시오.
5. 각 문제에 적절한 시간을 안배하여 중점적으로 다룰 문제는 충분히 토의하고 지엽적인 문제는 간단히 진행하십시오.
6. 각 과를 인도한 후, 다음의 평가항목을 통해 스스로 자기 평가를 하십시오.
7. 인도자로서 좀 더 깊이 성경을 배우고자 하는 분들은 프리셉트 성경연구 과정에 참여하셔서 도움을 받으시기 바랍니다(문의: 02-588-2218).

III. 평가항목

1. 보조 질문은 좋았는가?
   명확하고 간략했는가?
   본문과 본질적인 문제에 충실했는가?
   깊은 통찰과 적절한 적용을 이끌어 냈는가?
2. 참여자의 발표를 잘 유도하고 격려했는가?
3. 말을 너무 많이 하거나 적게 하지는 않았는가?
4. 준비를 충분히 하였는가?
5. 본문에서 동떨어지게 벗어난 방향으로 토의가 진행되지는 않았는가?
6. 시간은 잘 지켰는가?

Ⅳ. 본 교재에 대하여

출애굽은 유대 민족인 이스라엘의 역사입니다. 이스라엘은 하나님의 백성을 대표하기에, 출애굽기는 단순히 이스라엘의 역사가 아닌 하나님의 백성들의 역사입니다. 또한 출애굽기가 중요한 이유는, 이스라엘의 모습을 통해서 죄에 찌든 그리스도인의 실상을 발견할 수 있기 때문입니다. 따라서 천국을 향한 믿음의 길을 걷는 우리에게 출애굽기는 하나님의 음성을 직접 보고 들을 수 있는 복음의 통로가 됩니다.

「BEST G.B.S. 출애굽기」의 초점은 이스라엘이며, 하나님께서 이스라엘을 통해서 주시는 메시지를 공부하게 됩니다. 총 2권으로 구성된 「BEST G.B.S. 출애굽기」는, 출애굽기 전체의 흐름과 함께 세부 내용까지 연구하고 삶에 적용할 수 있도록 하였습니다. 먼저, Ⅰ권에서는 이스라엘 백성들이 출애굽하는 모습을 중심으로 하나님의 역사를 목격하게 될 것입니다. 그리고 Ⅱ권에서는 출애굽한 이스라엘 백성들의 계속되는 패역에도 기회를 주시는 하나님의 은혜를 확실하게 느낄 수 있을 것입니다.

「BEST G.B.S. 출애굽기」는 다원화되어가는 시대를 사는 모든 그리스도인들에게 우리의 삶에서 일하시는 분은 오직 하나님 한 분이시며, 그분의 은혜로만 살아야 한다는 진리의 복음을 깨닫게 해주는 최고의 교재가 될 것이라 확신합니다.

"낮에는 여호와의 구름이 성막 위에 있고 밤에는 불이 그 구름 가운데에 있음을 이스라엘의 온 족속이 그 모든 행진하는 길에서 그들의 눈으로 보았더라"(출 40:38).

프리셉트성경연구원

차례

서문 / 2

01 노예 이스라엘 (출애굽기 1:1–22) / 8

02 모세 (출애굽기 2:1–25) / 14

03 부르심 (출애굽기 3:1–22) / 20

04 이적 (출애굽기 4:1–17) / 27

05 할례 (출애굽기 4:18–31) / 33

06 바로 (출애굽기 5:1–23) / 39

07 언약 (출애굽기 6:1–13) / 46

08 족보 (출애굽기 6:14–30) / 53

09 재앙1_피 (출애굽기 7:1–25) / 59

10 재앙2_개구리, 이, 파리 (출애굽기 8:1–32) / 65

11 재앙3_돌림병, 종기, 우박 (출애굽기 9:1–35) / 71

12 재앙4_메뚜기, 흑암 (출애굽기 10:1–29) / 77

13 마지막 경고 (출애굽기 11:1–10) / 83

14 유월절 (출애굽기 12:1–20) / 90

15 마지막 재앙_장자의 죽음 (출애굽기 12:21–36) / 97

16 출애굽 (출애굽기 12:37–51) / 104

17 구름, 불 기둥 (출애굽기 13:1–22) / 110

18 바로의 추격 (출애굽기 14:1–14) / 116

19 홍해 도하 (출애굽기 14:15–31) / 122

20 마라의 쓴 물 (출애굽기 15:1–27) / 128

21 이스라엘의 원망 (출애굽기 16:1–12) / 134

22 만나와 메추라기 (출애굽기 16:13–36) / 140

23 아말렉 (출애굽기 17:1–16) / 145

24 모세와 이드로 (출애굽기 18:1–27) / 151

인도자를 위한 지침 / 157

01 노예 이스라엘

본문 출애굽기 1:1-22

외울말씀 어려운 노동으로 그들의 생활을 괴롭게 하니 곧 흙 이기기와 벽돌 굽기와 농사의 여러 가지 일이라 그 시키는 일이 모두 엄하였더라 (14절)

도입을 위한 글

야곱이 가족을 데리고 애굽으로 이주한 것은 B.C. 1876년이다. 야곱이 애굽에 내려간 지 17년 후에 죽고, 요셉은 그 후 54년 더 살고 죽는다. 애굽이 이스라엘 민족을 핍박하기 시작한 것은 야곱이 이주한지 115년이 지난 B.C. 1760년경으로 추정하고 있다. 남자아이를 죽이는 민족말살정책을 쓰기 시작한 것은 모세가 출생할 무렵인 B.C. 1527년경이다. 그래서 출애굽기 사이에는 대략 350년의 간격이 있다. 그리고 이스라엘이 출애굽한 것은 B.C. 1446년이므로 이스라엘이 애굽에 간 때로부터 430년 후다. 이것은 창세기 15장에서 하나님이 아브라함에 하신 말씀의 성취다. 요셉이 죽었을 때, 그는 유언을 남겼다. 언젠가 하나님이 이스라엘을 애굽에서 이끌어 내시어 가나안 땅으로 가게 하실 터이니 그때 자신의 뼈를 가지고 가서 꿈에도 그리던 가나안 땅, 하나님이 선조들에게 약속하신 축복의 땅, 자신이 어렸을 때 거닐었던 땅에 묻어달라는 유언을 남겼다. 출애굽기는 요셉의 유언을 연결점으로 삼아 시작한다. 때문에 출애굽기는 창세기와 분리된 것이 아니라 창세기와 연속된 성경인 것이다.

도입을 위한 질문

❶ 창세기 15장에서 하나님이 아브라함에게 하신 말씀을 정리해보십시오.

❷ 누군가의 종(노예)으로 산다는 느낌이 어떠할지 나눠보십시오.

본문 질문

❶ 야곱의 자손이 처음 애굽에 갔을 때의 모습에 대해 설명해보십시오(1–5절).

* 야곱 아들들의 이름 순서가 창세기 46:6, 26–27의 순서와는 다르게 '레아–라헬–빌하–실바'의 순서로 기록되었다.

❷ 애굽에서 야곱의 자손들은 어떻게 되었습니까?(6–7절)

❸ 요셉을 알지 못하는 새 왕이 이스라엘을 향해 세운 정책은 무엇입니까?(8–11절)

* 국고성(11절): 요새화된 성읍으로, 국가의 곡식이나 군량미를 저장하는 도시이다.
* 요셉을 알지 못하는 새 왕(8절): 셈족 계열의 힉소스왕조를 무너뜨리고 새롭게 등장한 18왕조이다(제3대 왕 투트모세 1세).

❹ 노예와 같은 환경에서 이스라엘 백성들은 어떻게 되었습니까?(12–14절)

❺ 번성하는 이스라엘 백성들을 향한 애굽 왕의 새 정책은 무엇입니까?(15–16절)

❻ 애굽 왕의 명령에 대한 산파의 행동은 어떠했습니까?(17–20절)

* 여기서 산파는 히브리인을 돌보는 애굽인 산파라고 보기도 하고, 히브리인 산파라고 보기도 한다. 바로가 잔인한 일을 동족에게 시킬 수 없다는 점에서 애굽인 산파라고 보는 주장이 강하다. 칠십인역과 요세푸스는 애굽인 산파라고 해석한다.

❼ 애굽 왕이 이스라엘 백성들의 번성을 막기 위해 취한 마지막 수단은 무엇입니까?(21–22절)

더 깊은 연구와 묵상을 위하여

이스라엘 백성들은 하나님의 은혜로 번성하였다. 이스라엘 백성들이 살고 있는 고센지역은 애굽의 국경에 위치하고 있었다. 때문에 이스라엘이 이웃나라와 연합하게 되면 애굽에게 큰 위협이 될 거라고 걱정하였다. 그래서 애굽 왕은 이스라엘을 노예처럼 일을 시켰다. 감당하기 힘든 노역으로 지치게 만들려고 했던 것이다. 그러나 소용이 없었다. 그러자 이번에는 산파를 동원하여서 남자아기를 죽이려고 했지만, 이 역시 이스라엘 백성들의 번성을 막지 못했다. 결국 애굽의 왕이 취한 마지막 수단은 모든 남자아기를 죽이는 것이었다. 애굽 왕의 모습에서 우리가 발견할 수 있는 진리가 있다. 그것은 바로 악은 더욱 악해진다는 것이다. '세 살 버릇이 여든까지 간다'라는 속담처럼, 처음에는 매우 작은 악이었을지라도 그것이 결국 돌이킬 수 없는 악으로 이어진다. 악은 면역성, 전염성, 고착성, 반복성이 있다. 그만큼 무섭다. 그렇다고 전혀 대책이 없는 것은 아니다. 요즘 많은 사람들이 암을 두려워하는데, 대부분의 의사들이 공통적으로 하는 말은, 제 아무리 무서운 암일지라도 초기에 잡으면 치유될 확률이 높다는 것이다. 지금 회개하여 죄의 노예로 살지 말고, 그리스도의 종으로 살기를 바란다.

❶ 이스라엘이 고된 노예의 삶을 살고 있을 때, 그들을 도우신 하나님의 손길을 찾아보십시오.

❷ 이스라엘이 극한 환경의 노예로 살면서 깨달아야 할 것은 무엇이었습니까?

적용을 위한 글

이스라엘은 선민이었다. 그들의 삶은 항상 하나님이 도우시는 사랑의 손길로 부족함이 없었다. 이스라엘인으로서 요셉이 애굽의 총리가 된 것은, 하나님의 은혜가 아니고서는 불가능한 역사였다. 또한 극심한 가뭄을 피해 야곱의 자손들이 애굽의 고센 땅에 거할 수 있었다는 것도 놀라운 은총의 역사였다. 그리고 이스라엘 백성들은 고센 땅에서 놀라울 정도로 번성하였다. 비록 요셉을 알지 못하는 애굽의 새 왕이 이스라엘을 노예로 삼아 힘들게 했지만, 그들의 번성을 막을 수는 없었다. 우리는 여기서 당신의 백성을 사랑하시는 하나님의 세밀한 손길을 발견할 수 있다. 반면, 하나님의 손길로 인해 근심했던 사람이 있다. 그는 바로 애굽의 왕이었다. 애굽의 왕은 하나님의 섭리와 손길보다 당장 자신의 나라에 위협이 될 것 같은 이스라엘 백성들의 숫자만 보았다. 자신의 안위를 걱정하는 애굽의 왕은 하나님의 손길을 외면한 채, 세상의 것들을 따라 사는 우리의 모습일 수도 있다. 분명 이스라엘은 애굽의 노예로 고통스러운 나날을 보냈다. 그러나 그 고통 속에서 그들은 하나님이 약속하신 가나안을 소망했다. 이스라엘이 거할 땅은 애굽이 아니라 하나님이 약속하신 가나안 땅이라는 것이다. 우리도 마찬가지다. 우리가 거할 땅은 이 땅이 아니다. 세상의 노예로 살지 말고, 그리스도의 종으로 살자.

– 양재웅, 「묵상노트」

적용 및 결단을 위한 질문

❶ 애굽의 노예로 사는 이스라엘 백성들은 땅의 것을 좇아 사는 삶과 비슷합니다(골 3:1–2). 땅의 것을 좇아 살았던 여러분의 모습을 솔직하게 나눠보십시오.

❷ "예수 그리스도의 종 바울은 사도로 부르심을 받아 하나님의 복음을 위하여 택정함을 입었으니"(롬 1:1)라는 말씀대로, 여러분이 예수 그리스도의 종으로 살기 위한 구체적인 모습에 대해서 나눠보십시오.

02 모세

본문 출애굽기 2:1-25

외울말씀 하나님이 이스라엘 자손을 돌보셨고 하나님이 그들을 기억하셨더라 (25절)

도입을 위한 글

해마다 수많은 사람들은 빼어난 자연 경관과 함께 바위투성이라서 모험으로 가득한 산행을 즐기기 위해 콜로라도로 모여든다. 그런 무리들 중 한 가족이 위험을 감수하고 암벽을 오르기로 결정했다. 그곳은 이전부터 지금까지 그들이 도전해왔던 것보다 훨씬 가파른 곳이었다. 그들은 이구동성으로 아버지가 앞장서야 한다고 말했다. 아버지는 천천히 암벽 위로 조금씩 오르기 시작했고, 조심스럽게 한 발짝 한 발짝을 떼면서 자신의 몸무게와 다른 가족들의 몸무게를 충분히 지탱할 수 있도록 안전에 최대한 신경을 썼다. 아버지가 30미터 정도 암벽을 오르자, 다음으로 아들이 오르기 시작했다. 그는 아버지보다 조금 더 빠른 속도로 오를 수 있었는데, 이는 '선봉'에 선 아버지가 개척해놓은 경로를 이용할 수 있었기 때문이었다. 그는 아버지에게 말했다. "아빠, 루트를 조심스럽게 선택하면서 올라가세요. 우리는 뒤에서 아빠가 올라가신 바로 그 루트를 똑같이 따라 올라가고 있어요." 어떤 사람들은 이 말에 기겁을 할지도 모른다. 제대로 정신이 박힌 사람이라면 누가 그런 책임을 지려고 하겠는가? 그러나 그 반면, 우리의 삶 가운데 중요한 의미를 지니는 사람들이 의도적으로 우리의 발자취를 따라오고 있다는 사실을 안다는 것은 얼마나 커다란 특권인지 모른다! 우리 모두에게는 산을 오를 때뿐만 아니라

> 인생을 살아가면서 '선봉'에 선 사람이 필요하다. 그 사람은 우리가 여행을 떠날 때 어느 길을 택해야 할지 본을 보여준다. 모세도, 여호수아도, 바로 그와 같은 멘토의 역할을 한 사람들이었다. – 팀 엘모어, 「위대한 멘토들」

도입을 위한 질문

❶ '나는 누구인가?'라는 주제로 간단하게 이야기를 나눠보십시오.

❷ 모세에 대해서 여러분이 아는 대로 적어보십시오.

본문 질문

❶ 모세의 출생과 위기에 대해서 설명해보십시오(1–3절).

❷ 갈대 상자 안의 모세는 어떻게 되었습니까?(4–10절)

* 나일강(5절): 당시 애굽인들은 이 강의 한 구역을 특별히 구분해 여자들을 위한 목욕 장소로 제공하였다. 나일 강을 신성시하여 성역으로 여겼으며, 그 강에서 목욕하는 것을 일종의 종교적 성결 예식으로 간주했다. 특히 여자들은 이 강물에 목욕함으로써 장수와 다산(多産)의 축복을 얻는다고 믿었다.

❸ 장성한 모세가 애굽 사람을 쳐죽인 이유는 무엇입니까?(11-12절)

* 장성한(11절): '위대해지다, 높게 평가되다'라는 의미이다. 사도행전 7:23에 의하면, 그 당시 모세의 나이는 40세였다. 그 나이면 애굽의 왕자로서 제반 국정에 참여할 위엄과 지략을 충분히 갖추었을 것이다.

❹ 모세가 미디안으로 도망가게 된 과정을 적어보십시오(13-15절).

* 미디안 땅(15절): 본래 미디안 사람들은 목축을 위주로 하는 유랑민으로서, 여러 곳에 걸쳐 거주지를 이동하면서 사는 족속이다. 그러나 일부는 정착 생활을 하기도 했는데, 그 주요 정착지는 엘란(Elan)만(灣) 동부지역 곧 아카바만 지역이다. 따라서 대체로 미디안 땅이라 함은 아카바만 지역을 의미한다.

❺ 모세가 미디안 땅에서 살면서 이룬 가정에 대해서 설명해보십시오(16-22절).

* 르우엘(18절): '하나님의 친구, 전능자의 친구'라는 의미로, 여기서 '엘'은 유일신 여호와를 지칭하는 말이라기 보다는 당시 고대 근동 지역에 전능한 신으로 여겨져 왔던 셈족의 하나님 이름이다.

❻ 이스라엘이 부르짖는 소리가 어떻게 되었습니까?(23절)

* 여러 해 후에(23절): 이러한 표현은 정확한 시간관념이 희박했던 고대인들의 관습적 표현으로서 아주 오랜 기간이 경과했음을 의미한다. 모세가 애굽인을 살해하고 도망갔던 당시의 나이가 40세였고(행 7:23-29) 바로 앞에 나아갔을 때가 80세였으므로(출 7:7), 그는 약 40년을 미디안 땅에서 보낸 것이다.

❼ 하나님은 무엇을 기억하시고 이스라엘 백성들을 돌보셨습니까?(24-25절)

* 언약(24절): 히브리어 '베리트'로, '자르다, 선택하다'라는 의미이다. 고대 근동 지역에서는 쌍방간에 언약을 체결할 때에 고기를 쪼개어 그 사이로 지나게 함으로써 언약 파기자들에게는 죽음의 징벌이 내려질 것이라 경고했다.

더 깊은 연구와 묵상을 위하여

궁중 생활 40년 동안 모세는 'I'm something'과 같은 존재였다. 이 말은 왕자의 권세를 지닌 자신을 꽤 가치 있고 대단한 인물로 알았다는 뜻이다. 그러기에 자신을 통해서 뭔가를 이루겠다고 발버둥을 친 것이다. 그 결과, 그는 하루아침에 화려한 왕자의 신분에서 도망자의 비참한 신세로 전락하고 만다. 반면, 광야 생활에서 40년 동안 모세는 'I'm nothing'과 같은 존재였다. 이는 거칠고 험난한 광야 생활 중에 비로소 자신이 아무것도 아닌 존재라는 것을 깨달았다는 고백일 것이다. 이렇듯 마음을 비우는 신앙으로 무장된 모세는 호렙산에서 하나님을 만나 출애굽의 '대사명'을 받게 된다. 비우고 낮아지며 부워져야 하나님이 부르신다. 역사를 일으키신다. 결국 출애굽 생활에서 40년 동안 모세는 'I'm everything'과 같은 존재였다. 그는 하나님께서 언제 어디서나 붙들어 사용하시는 사람이 되었다. 하나님은 갈채 받고 환영받는 자리에 있던 모세를 끌어내려 천대받고 소외당하는 자리까지 가게 하시고, 거기서 준비되고 훈련되어 출애굽의 지도자라는 위대한 일에 쓰임 받게 하신 것이다. 한 인간이 길고 긴 인생 여정을 통해 체험한 지도력은 훗날 그에게 날카로운 도구가 된다. 모세의 지도력이 200만 명이나 되는 이스라엘 민족의 흥망성쇠를 거머쥔 잣대와 도구로 사용될 줄 누가 알았겠는가? 또한 이스라엘의 출애굽은 하나님의 구속 역사의 위대한 분수령을 창출하는 사건이기 때문에 모세의 준비와 훈련은 소중한 과정일 수밖에 없다. 그러므로 하나님의 도구로서 미래에 얼마나 크고 유용하게 사용될 수 있는가를 기억하면서 신중하게 생각하고 순종하라. – 배수영, 「21세기 리더십 에세이」

❶ 모세가 요게벳의 손에서 자라게 된 것이 중요한 이유는 무엇입니까?

❷ 왕자로서 40년, 광야에서 40년의 생활을 통해서 모세가 훈련받은 것은 무엇입니까?

적용을 위한 글

모세의 인생은 파란만장했다. 태어날 때부터 그는 죽은 목숨이었다. 그러나 하나님의 섭리하심 가운데 애굽의 왕자로서 40년간 생활을 하게 된다. 특히 그는 어린시절 히브인으로서 받아야 할 교육을 받았으며, 왕자로서 받을 수 있는 모든 교육을 받았다. 어느 정도 나이가 되었을 때 그는 고통당하는 자신의 민족을 도와주고 싶었다. 그러나 아직 하나님의 때가 아니었다. 그는 우발적으로 저지른 살인과 정치적 모략으로 미디안 광야에서 오랜 시절 목동으로서 지내야 했다. 그리고 때가 되었을 때에 하나님은 그를 부르셨다. 우리도 자신의 비전과 계획이 이루어지기를 원한다. 그래서 나름대로 열심히 준비하여 어느 정도 무언가를 이루었다고 생각할 때 그것을 시도한다. 그러나 그때하면 절대로 안 된다. 그러면 결국 실패하거나 완전히 다른 길로 가게 될 것이다. 하나님의 때가 있다. 그때를 위해서 지금 나의 모습, 환경이 주어진 것이다.

적용 및 결단을 위한 질문

❶ 왕자 모세와 목동 모세의 삶이 여러분에게 주는 교훈을 정리해보십시오.

❷ 여러분을 향한 하나님의 뜻과 그 뜻을 이루기 위한 하나님의 때에 대해서 묵상해보십시오.

03 부르심

| 본문 출애굽기 3:1-22

| 외울말씀 하나님이 이르시되 이리로 가까이 오지 말라 네가 선 곳은 거룩한 땅이니 네 발에서 신을 벗으라 (5절)

도입을 위한 글

성경을 보면 하나님이 사용하시는 위대한 종으로서 하나님 앞에서 그 자아가 깨어지지 않은 사람은 하나도 없다. 아브라함은 하나님이 믿음의 조상으로 특별히 택하여 세우셨지만, 그는 25년 동안 자아를 죽여야 했다. 기근을 당하여 애굽에 내려갔고, 거기서 아내를 잃을 뻔 했으며, 조카에게 배반을 당했다. 그래서 그는 결국 자신의 독생자 이삭을 바치라는 하나님의 말씀에 한 마디도 변명하지 않고 순종할 정도로 자아가 죽었다. 또한 모세도 40년 동안 광야에서 자아를 깨뜨려야 했다. 그래서 처음에는 자기 스스로 이스라엘을 구출하려고 했던 모세는 나중에는 깨어지고 깨어진 나머지 하나님께서 애굽으로 가라고 하실 때 "내가 누구이기에 바로에게 가며 이스라엘 백성들을 애굽에서 인도하여 내리이까?"라고 말했던 것이다. 하나님께서는 이렇게 자아가 깨어진 사람을 들어서 당신의 일을 맡기신다. 그러므로 오늘날 어떤 문제로든지 얻어맞고 자아가 깨어져서 앉아 있는 성도들은 기뻐하라. 왜냐하면 여러분은 지금 실패한 것이 아니고 성령께서 들어오셔서 지렁이 같은 여러분에게 성령의 아홉 가지 열매를 맺게 하시기 때문이다. 비로소 여러분은 하나님의 손에 들린 타작 기계가 되는 것이다. 그러므로 여러분을 깨뜨리기 위해 가족이나 이웃, 친구를 통해 돌이 날아올 때에는 감사하라. 사업이나 생활을 통해 돌이 날아올 때도 환영하라. 하나님께서 여러분에게 복 주시고 하늘나라 백성이 되게 하기 위해 돌을 허락하셨다. 돌이 날아올 때에는 피하지 말고 맞아서 여러분을 깨뜨려라. 그 다음에는 하나님께서 책임져주실 것이다.

–「365일 오늘의 만나」

도입을 위한 질문

❶ 여러분을 향한 하나님의 부르심은 무엇이라고 생각합니까?

❷ 부르심에 대한 여러분의 반응은 무엇이었습니까?

본문 질문

❶ 모세가 광야에서 하던 일은 무엇입니까?(1절)

* 치더니(1절): 분사형으로서, 일회적인 의미가 아니라 습관적이고 지속적으로 가축들을 돌봤다는 의미이다. 모세는 하나님의 백성을 인도할 지도자가 되기에 앞서 약 40년간 양들을 인도하는 목자로서 지속적인 훈련을 받고 있었다.

❷ 여호와의 사자가 어디에서 어떤 모습으로 나타났습니까?(1-2절)

* 호렙(1절): 언약의 산으로서, 십계명을 부여받았던 시내산과 혼용되고 있다.
* 떨기나무(2절): 가시덤불로, 애굽에서 종살이하는 이스라엘을 상징한다.

❸ 하나님이 모세에게 지시하신 것은 무엇입니까?(3-5절)

* 거룩한 땅(5절): 거룩하신 하나님이 임재해 계시기에 거룩해진 땅이라는 의미이다.

❹ 하나님이 모세를 부르신 내용을 요약해보십시오(6-10절).

* 내가 내려가서(8절): 하나님께서 인간 역사에 친히 개입하심에 대한 '신인동형동성론'(Anthropomorphism) 적 표현이다.
* 건져내고: '회복하다, 구출하다, 고치다, 빼앗다'라는 의미이다. 하나님의 구원의 성격이 어떠한 것인지를 한마디로 함축하는 말이다.

❺ 하나님의 부르심에 대한 모세의 반응은 어떠했습니까?(11절)

❻ 하나님이 모세에게 주신 약속은 무엇입니까?(12절)

* 섬기리니(12절): 히브리어 '아바드'로, '하나님께 예배드리다'(말 3:14), '종살이하다'(렘 27:7), '봉사하다'(창 29:15) 등 다양하게 사용되었다. 이는 신앙생활 전반을 의미한다.

❼ 출애굽을 위해 하나님이 모세에게 구체적으로 지시하신 것을 정리해보십시오(13-22절).

* 내가 내 손을 들어(20절): 하나님의 주도적이고 적극적인 개입 의사를 밝힌 부분이다. 여기서 '손'이란 하나님의 능력을 의미한다.

더 깊은 연구와 묵상을 위하여

하나님이 말씀하실 때 우리는 마치 안개 속에 갇힌 사람처럼 분명하게 대답하지 못한다. 모세의 대답은 자신이 어디에 있는지를 아는 준비성을 보여준다. 준비되었다라는 것은 내가 하나님과 바른 관계에 있음을, 또 내가 어디에 있는지 알고 있음을 의미한다. 우리는 내가 어디로 가고 싶은지 하나님께 말하느라 너무 바쁘다. 그러나 하나님과 하나님의 사역을 위해 준비된 사람은 장소나 상황에 상관없이 부르심을 받을 때 그것을 받아들인다. 우리는 위대한 기회나 신나는 일을 기대하며 기다리다가 그것이 오면 "저 여기 있습니다!"라고 크게 외치며 일어선다. 그러나 보잘것없는 작은 일을 위해서는 아무 준비도 하지 않는다. 하나님 앞에 준비된다는 것은, 사소한 일이든 큰 일이든 구별하지 않고 언제나 할 수 있다는 것을 의미한다. 우리에게는 하고 싶은 일을 고를 선택권이 없다. 우리에 대한 하나님의 계획이 무엇이든지 준비되어 있어야 한다. 예수님이 아버지 하나님의 음성을 들으셨듯이, 우리도 하나님의 음성을 듣고 주님을 향한 사랑으로 그 일을 위해 온전히 준비되어 있어야 한다. 아버지와 주님이 함께하셨듯이, 주님도 우리와 함께 일하기를 원하신다. 우리와 주님이 하나 됨이 주님과 아버지 하나님의 하나 되심과 같으므로, 주님은 우리를 즐거운 곳이든 비천한 곳이든 주님이 원하시는 곳이면 어디든지 두실 수 있다. "우리가 하나가 된 것 같이 그들도 하나가 되게 하려 함이니이다"(요 17:22). 여러분을 찾아오시는 하나님을 맞을 준비를 철저히 하라. 미리 준비한 사람은 준비할 필요가 없다. 하나님이 부르셨는데 준비하느라 낭비하는 시간을 생각해보라! 떨기나무의 불꽃은 준비된 사람을 둘러싼 모든 것의 상징이다. 하나님의 임재로 타고 있는 불꽃이다.

– 오스왈드 챔버스, 「주님은 나의 최고봉」

❶ 하나님이 모세에게 밝히신 자기 존재에 대한 의미를 나눠보십시오(14절).

❷ 하나님의 부르심에 대한 모세의 태도를 통해서 배울 수 있는 교훈은 무엇입니까?

적용을 위한 글

이스라엘의 출애굽 여정을 지속적으로 인도했던 인물은 바로 모세다. 모세는 최소 200만 명 이상이나 되는 우매한 백성들을 무려 40년이나 이끌며 흔들림 없이 가나안을 향했다. 무엇이 그를 이토록 견고하게 만들었는가? 그것은 바로 그가 하나님을 만났던 거룩한 경험 때문이다. 그는 생의 깊은 좌절과 비참의 골짜기를 지난 후 80세가 되던 어느 날, 하나님의 음성을 들었고 거기서 거룩한 하나님을 체험할 수 있었다. "네가 선 곳은 거룩한 땅이니 네 발에서 신을 벗으라"(출 3:5). 모세는 자신의 연약함과 바로 왕의 막강한 세력, 그리고 이스라엘 백성들의 불신앙에도 하나님의 명령대로 출애굽의 대역사를 시작하게 된다. 우리에게 요구되는 것은 바로 이러한 거룩함의 경험이다. 바닥난 생활, 바닥난 기도, 바닥난 봉사에서 무슨 감격과 기석이 있겠는가? 우리는 너무나 인간적이고 세속적인 경험으로 우리의 시간과 공간을 채우고 있다. 그러기에 모든 것이 너무나 뻔한 것이다. 인간들에게서 무슨 선한 것이 나오겠는가? 그러므로 우리 모두에게는 죄가 씻어지며 자아가 깨어지는 경험이 필요하다. 하나님을 만나 거룩의 경험을 한 사람은 세상과 사람이 무섭지 않다. 영원을 소유한 사람은 죄와 어두움을 인하여 불안해하지 않는다. 지금 여러분의 삶 속의 능력은 거룩, 바로 거룩에서 나오는 것임을 잊지 말아야 한다.

적용 및 결단을 위한 질문

❶ 하나님의 부르심에 합당한 모습을 위해서 훈련이 필요한 부분은 무엇인지 나눠보십시오.

❷ 주님의 부르심에 곧바로 순종하는 삶이 되기 위해서 기도하십시오.

04 이적

본문 출애굽기 4:1-17

외울말씀 너는 이 지팡이를 손에 잡고 이것으로 이적을 행할지니라 (17절)

도입을 위한 글

여러분이 하나님과 분리되어 있다고 생각하지 말라. 그분은 대형 사다리 꼭대기에 있고, 여러분은 바닥에 있다고 생각하지 말라. 여러분은 지구에 있고, 하나님은 금성에 있다는 생각일랑 깨끗이 내다 버려라. 하나님은 영이시기에 여러분 곁에 계신다. 하나님은 우리의 지붕이시다. 하나님은 우리의 벽이시다. 하나님은 우리의 기초이시다. 모세는 그것을 알고 이렇게 기도했다. "주여 주는 대대에 우리의 거처가 되셨나이다"(시 90:1). 하나님이 우리의 집이시라니 얼마나 힘이 되는 말인가! 집이란, 신발을 벗어 던지고 과일과 과자를 먹을 수 있는 곳이고, 잠옷만 입고 있어도 남들이 어떻게 볼까 걱정할 필요가 없는 곳이다. 침실이 어디에 있는지 아무도 여러분에게 말해 줄 필요가 없다. 부엌으로 가는 길도 누가 일러줄 필요가 없다. 세상에서 고되게 일하다가도 친숙한 나의 집에 오면 얼마나 위안이 되는가! 하나님도 그와 똑같이 여러분에게 친숙한 분이시다. 시간이 가면서 여러분은 양분이 필요할 때 어디로 가야 할지, 보호가 필요할 때 어디에 숨을지, 인도가 필요할 때 어디를 볼지 배울 수 있다. 이 땅의 집이 피난처인 것처럼 하나님의 집도 안식처이다. 하나님의 집은 한 번도 약탈당한 적이 없다. 그분의 벽은 한 번도 뚫린 적이 없다. — 맥스 루카도, 「주와 같이 길 가는 것」

도입을 위한 질문

❶ 이적을 목격한 적이 있습니까? 이적에 대한 여러분의 생각을 나눠보십시오.

❷ 가치 없게 여기던 물건을 요긴하게 사용했던 경험을 나눠보십시오.

본문 질문

❶ 하나님의 말씀에 대한 모세의 대답은 무엇입니까?(1절)

❷ 하나님이 모세의 지팡이를 통해서 보여주신 것은 무엇입니까?(2-4절)

* 지팡이(2절): 목자가 양을 인도하며, 맹수로부터 양을 보호하기 위해 가지고 다녔던 휴대용 막대기를 가리킨다. 이것은 상징적으로 인도와 보호를 의미한다(시 23:4).

❸ 하나님이 모세에게 보여주신 두 번째 이적은 무엇입니까?(5-7절)

❹ 두 가지 이적을 믿지 않을 때 나일 강물을 통해서 약속하신 이적은 무엇입니까?(8–9절)

* 표징(8절): '부르다, 고함치다'라는 뜻의 동사에서 유래한 말로, 문자적 의미는 '소리'이나 여기서는 '교훈'의 의미이다. 피조된 우주만물이 하나님의 뜻을 선포하는 음성을 발하듯, 모세를 통해 나타나는 한 이적이 하나님의 뜻을 가르치고 입증해줄 것이라는 의미이다.
* 이적(9절): '허가하다, 응낙하다'라는 동사에서 유래한 말이다. 화산의 폭발과 같은 '강력한 힘'이란 뜻을 내포한다.

❺ 하나님의 세 가지 표징을 약속받은 모세의 반응은 무엇입니까?(10절)

❻ 부르심을 거절하는 모세에게 하나님이 약속하신 것은 무엇입니까?(11–15절)

* 아론(14절): '고상하다'라는 뜻을 지닌 이름이다. 아므람과 요게벳의 첫째 아들로서 동생 모세보다 3살 많다.

❼ 떠나는 모세에게 하나님이 주신 것은 무엇입니까?(16–17절)

* 하나님 같이 되리라(16절): 모세는 하나님께로부터 계시의 말씀을 받은 말씀의 소유자임과 동시에 아론에게 그 말씀을 전달해야 하는 대언자이므로, 아론에게는 모세가 마치 하나님과 같은 권위를 지니게 된다는 의미이다.

더 깊은 연구와 묵상을 위하여

하나님이 모세를 불러 말씀하셨다. "이제 내가 너를 바로에게 보내어 너에게 내 백성 이스라엘 자손을 애굽에서 인도하여 내게 하리라"(출 3:10). 그러나 모세는 "왜 내가 가야 합니까?" "내가 누구이기에 감히 바로에게 갑니까?" "바로가 내 말을 듣지 않을 것입니다"라고 하면서 가지 않으려는 핑계를 늘어놓았다. 하나님은 모세와 함께하실 것이므로 결코 혼자 가는 것이 아니라는 확신을 주셨다. 그럼에도 모세는 도저히 자신이 없었다. "그들이 나를 믿지 아니하고 나의 말을 듣지 않을 것입니다. 하나님이 나에게 나타나셨다고 하면 믿지 않고 내가 꿈을 꾼 것이라고 할 것입니다." 그때 하나님이 모세에게 물으셨다. "네 손에 있는 것이 무엇이냐?" 모세가 대답했다. "지팡이입니다." 하나님은 그 지팡이를 가지고 기적을 행하는 데 사용하셨다. 하나님이 이스라엘 백성들과 함께 하신다는 확실한 증거를 나타내시는 데에 사용하셨다. 그 후에 이 지팡이는 "하나님의 지팡이"로 알려졌다(출 4:20). 여러분의 손에 있는 것이 무엇인가? 하나님은 그것을 사용하신다. 하나님을 위하여 드려라. 보잘 것 없는 지팡이로 크고 놀라운 일을 행하신 하나님이 여러분의 보잘 것 없는 소유와 지식과 능력과 자질을 사용하셔서 얼마나 큰일을 성취하실 것인지, 그 결과에 여러분 자신이 놀랄 것이다.

❶ 모세가 하나님의 이적을 보고도 부르심을 거절한 이유는 무엇입니까?

❷ 하나님의 사명을 감당하기 위해서 주신 지팡이는 무엇입니까?

적용을 위한 글

역사를 살펴보면, 오늘날의 사회처럼 자신의 '이미지'에 관심을 가졌던 때도 없었던 것 같다. 많은 사람들이 자신의 이미지만 좋으면, 사회에 잘 적응할 수 있고 성공할 수 있다는 신념을 가지고 있다. 많은 책들 또한 이미지에 관해 이야기한다. 현재 가장 많이 팔리는 책들 중의 하나는 관계 심리학에 관한 책이다. 이 철학의 전제 조건은 '나도 괜찮고, 당신도 괜찮다'라는 것이다. 성경도 우리 자신의 '이미지'에 관해 말하고 있다. 성경은 좋지 못한 이미지는 근본적으로 영적인 문제에서 비롯된다고 말씀한다. 하나님께서 창조하신 본래의 자화상을 바로 가질 때 우리는 가장 보람있는 삶을 살아갈 수 있다. 우리 자신의 이미지는 우리가 어떠한 삶을 살아가는지에 달려 있다. 우리 모두는 하나님의 택하신 백성이라는 자화상을 가지고 있다. "너희는 택하신 족속이요"(벧전 2:9). 하나님은 신비스러운 방법으로 역사하신다. 그 중 하나가 하나님이 우리를 택하셨는지 아니면 우리가 하나님을 선택했는지 하는 문제다. 그러나 성경을 살펴보면, 하나님이 먼저 우리를 택하신 것을 알 수 있다(신 7:6-7). 하나님이 그들을 택하신 것은 단순히 자신의 은혜와 인자하심 때문이다. 하나님이 그들을 택하신 것도 마찬가지다. 우리의 믿음이나 열심, 지식이나 선한 양심 때문이 아니다. 전적인 하나님의 은혜로 택함 받은 것이다(요 15:16). 하나님의 택하심에서 우리는 세 가지 의미를 찾아볼 수 있다. 첫째, 하나님은 특권을 주시려고 우리를 택하셨다. 그리스도 안에서 우리는 하나님과 함께 새롭고 친밀한 교제를 나눌 수 있다. 둘째, 우리는 하나님의 순종하는 자녀가 되기 위해 택함을 받았다. 셋째, 우리가 택함을 받은 것은 봉사하기 위함이다. 이 세 가지는 언제나 함께 역사한다. 순종과 봉사가 없는 특권은 생각할 수 없다.

적용 및 결단을 위한 질문

❶ 영원히 죽어 마땅한 죄인인 여러분을 하나님이 구원하신 것은 여러분의 삶에 일어난 최고의 이적입니다. 십자가를 통해서 여러분에게 일어난 이적에 대한 감사를 나눠보십시오.

❷ 하나님의 이적 즉, 구원의 복음을 전하는 삶을 위해 기도하고 나아가 전파하십시오.

05 할례

본문 출애굽기 4:18-31

외울말씀 여호와께서 그를 놓아 주시니라 그 때에 십보라가 피 남편이라 함은 할례 때문이었더라 (26절)

도입을 위한 글

창세기 17장의 말씀은 아브라함과 그 집안이 다 할례를 받은 이야기를 기초로 한다. 성경에서 할례란 태어난 지 8일된 남자 아이 성기의 표피 끝부분을 잘라내는, 이른바 포경수술을 말한다. 이는 하나님과의 언약을 기억하며 지키게 하기 위한 것이었다. 하나님은 자신이 둘로 쪼개어진 짐승사이를 지나가심으로 아브라함과 언약하시고, 이번에는 아브라함에게도 언약할 것을 요구하신다. 이 언약의 표징이 바로 할례다. 하나님은 그들이 다른 백성과 구별되었고 언약 있는 하나님의 백성이 되었다는 표시를 몸에 가지도록 하신 것이다. 이러한 하나님의 명령에 대해서 아브라함은 즉각적으로 순종, 자신을 포함한 집안의 모든 남자들의 양피를 베었다. 그러자 이듬해에 아브라함에게 아들을 주셨고, 또 아브라함은 그 아들이 난 지 8일이 되어 말씀대로 할례를 행했다. 하나님은 오늘 우리에게도 영적 자손 즉, 이 땅 위에 하나님의 자녀가 많아지리라는 약속을 주셨으며 하늘나라를 기업으로 주시겠다고 하셨다. 이런 언약을 받은 우리는 이제 육신의 할례를 받는 것이 아니라 골로새서 2:11의 말씀처럼 그리스도 안에서 손으로 하지 아니한 할례, 곧 육적 몸을 벗고 그리스도로 옷 입는 것과 같은 할례를 받아야 한다. 이는 진실한 마음으로 회개하고 예수를 믿으며 과거의 모든 더러운 행실을 벗어버리고 새 사람을 입는 것이다.

도입을 위한 질문

❶ 하나님의 일을 하기 전에 어떤 준비가 필요한지 나눠보십시오.

❷ 그리스도인에게 할례가 중요한 이유는 무엇입니까?

본문 질문

❶ 미디안을 떠나기 전, 모세가 한 일은 무엇입니까?(18절)

❷ 하나님이 미디안에서 모세에게 하신 말씀은 무엇입니까?(19-21절)

* 네 목숨을 노리던 자(19절): 절대권좌를 보다 확고히 하기 위해 모세를 기어이 제거하고자 했던 투트모세 3세와 그 수하의 무리들을 의미한다(2:11-15).

❸ 미디안을 떠나는 모세가 가족과 함께 지니고 간 것은 무엇입니까?(20절)

❹ 하나님이 바로에게 전하라고 명하신 말씀은 무엇입니까?(22-23절)

* 섬기게(히브리어로 아바드, 23절): '일하다'(출 20:9), '봉사하다'(출 21:2)보다 더 강한 의미로 '노예가 되다, 종살이 하다'라는 뜻이다.

❺ 모세가 숙소에 있을 때 하나님이 행하시려고 한 일은 무엇입니까?(24절)

* 만나사(히브리어로 파가쉬, 24절): '거칠게 접촉하다'라는 의미이다. 이 단어는 적대적인 관계에서의 만남(잠 17:12; 호 13:8)을 의미하는 것으로, 친밀하고 우호적인 관계에서의 만남을 뜻하는 '카라'(민 23:3; 왕상 18:7)와 대조가 된다.

❻ 십보라가 돌칼을 가지고 한 일은 무엇입니까?(25-26절)

* 그의 아들(25절): 모세의 둘째 아들은 엘리에셀이다.
* 할례(26절): 남자의 생식기 끝 부분의 표피를 자르는 의식으로, 하나님과 이스라엘 백성들 사이에 맺어진 언약의 징표이다.

❼ 모세가 아론과 장로들을 만나서 전한 말은 무엇입니까?(27-31절)

더 깊은 연구와 묵상을 위하여

나폴레옹의 군대가 러시아에 진격했을 때, 어느 날 러시아 병사 한 명을 사로잡게 되었다. 나폴레옹은 그에게 자기를 황제로 섬기면 후한 대접을 해주겠다며 전향할 것을 권유했다. 포로가 된 그 러시아의 병사는 이렇게 말했다. "나는 러시아 황제 폐하 이외에는 그 누구에게도 나의 충성을 맹세하지 않겠소." 거절하는 말을 들은 나폴레옹은 화를 내며 부하에게 지시했다. "저 놈에게 거룩한 황제의 표시를 새겨 주어라." 그러자 한 병사가 달려들더니, 그 러시아 병사의 팔에 불 인두로 'N'자를 새겼다. "자, 봐라. 이미 네 팔에는 이 나폴레옹의 인(印)이 있느니라." 이 말을 듣자마자 이 러시아 병사는 옆에 서 있던 프랑스 병사의 칼집에서 칼을 꺼내어 자기의 팔을 잘라버렸다. 피가 튀기며 하얀 눈밭에 떨어진 자기의 팔을 바라보면서 그는 말했다. "나의 충성은 오직 한 분, 그 분에게만 바칠 것이오. 나의 황제, 짜르여!" 그리스도의 피로 구원받아 그리스도께 속한 그리스도의 사람이 되었다면, 그 그리스도인이라는 할례의 흔적이 나의 마음과 삶 속에 나타나고 있는가? 기적을 원하는가? 전능하신 하나님이 함께 하시는 삶의 풍요로운 영광과 드라마를 원하는가? 주께서 말씀하신다. "내 앞에서 행하라. 그리고 그리스도의 표적을 지닌 삶을 살아라."

❶ 하나님이 모세를 죽이려고 했던 이유는 무엇입니까?

❷ 십보라가 모세를 가리켜 "피 남편"(26절)이라고 한 이유는 무엇입니까?

적용을 위한 글

할례가 유대인이나 유대인이 되려는 이방인들에게 육체적으로 행해졌다면, 세례는 그리스도인이 되려는 사람이 행하는 영적 증거라고 할 수 있다. 세례를 받는 것은 자신의 육체를 물에 장사지내고, 새로운 하나님의 백성(자녀)이 되는 것을 의미한다. 할례와 세례의 의미가 동일하다는 것을 말해주고 있다(렘 4:4). 예레미야는 범죄한 유대인들에게 육신의 몸을 베지 말고, 마음의 가죽(완악한 마음과 불순종)을 베어내라고 촉구했다. 이러한 마음의 할례는 신약 시대의 세례의 정신과 일치한다(롬 2:28-29). 육체의 자국과 흔적을 남기는 할례보다 마음을 새롭게 하고 순종하는 마음의 할례를 받은 사람이 진정한 하나님의 백성이다. 이러한 점에서 할례의 정신은 세례의 정신과 일치한다. 세례를 받는 것은 하나님에 대한 신앙고백이며, 또한 구원받은 성도들에게 베푸는 징표이다. 그러나 물로 세례를 받는 것보다 더 중요한 것은, 마음을 씻고 새로운 삶을 사는 생활의 변화이다. 이것은 마음의 가죽을 베어내는 마음의 할례와 그 의미가 같다. 물로 받는 세례는 교회 공동체의 일원이 되었음을 증거한다. 그러므로 그리스도인에게 있어서 세례는 필수적이다. 그러나 이러한 외적 예식은 마음의 세례(성령 세례)가 있을 때에 진정한 의미가 있다. 회개하거나 주님을 믿지도 않으면서 물로 세례를 받는 것은 아무런 의미가 없다.

적용 및 결단을 위한 질문

❶ 영적 할례는 그리스도인들에게 매우 중요합니다. 영적 할례를 위해서 지금 여러분이 벗어야 할 것이 무엇인지 나눠보십시오.

❷ 매일의 삶 속에서 행하는 할례는 곧 회개입니다. 지금 여러분의 죄를 십자가 앞에 내려놓고 진심으로 회개하는 시간을 가져보십시오.

06 바로

| 본문 출애굽기 5:1-23

| 외울말씀 그 후에 모세와 아론이 바로에게 가서 이르되 이스라엘의 하나님 여호와께서 이렇게 말씀하시기를 내 백성을 보내라 그러면 그들이 광야에서 내 앞에 절기를 지킬 것이니라 하셨나이다 (1절)

도입을 위한 글

우리 조상들은 자녀들이 어릴 때에는 '개똥이', '돌쇠' 등과 같이 천하고 험한 이름을 지어 주었다. 이는 액을 모면하고 장수를 기원하는 의미에서라고 한다(이름이 더러우면 저승사자가 안 데려갈 것으로 생각했나보다). 서양인들은 자녀들에게 사무엘(Samuel), 다니엘(Daniel), 존(John, 요한), 제임스(James, 야고보) 등과 같이 성경에 등장하는 인물의 이름을 따서 이름을 지어주는 경우가 많다. 이는 그 자녀들이 성경의 훌륭한 위인들을 닮은 사람이 되기를 바라는 마음 때문이라고 한다. 우연이라고 할 지는 모르나 실제로 미국에서 어떤 사람이 직업과 성씨 간에 어떤 관계가 있는지 조사를 해보니 철물점 주인이 Smith, 빵집 주인은 Baker, 우편 배달부는 Post인 경우가 많더라고 한다. 이름 중에는 가문을 나타내는 성씨로 굳어진 것도 있다. Johnson, Davison 등과 같은 것은 이름이 성씨로 변한 것이다. 이는 아마도 유대인의 전통에 의한 것으로 보인다. 유대인의 경우, 본래 성이라는 것이 없이 지명이나 친족 관계를 따서 불렀다. Johnson: John의 아들이다(성으로 정착). Danielson: Daniel의 아들이다(성으로 정착). Jacobson: Jacob의 아들이다(성으로 정착). 뭔가 의미가 있는 이름을 가진 사람들, 이 사람들은 매번 다른 사람에게서 자기의 이름이 불리어질 때마다 자신의 이름을 귀로 듣고 그 의미를 생각하며 마침내는 그 이름에 합당한 사람이 되어갔을 것이다. 생각해 보라. "나는 태양신의 아들(바로, 파라오)이다"라고 말하는 사람과 "나는 하나님의 아들이다"라고 말하는 사람의 미래가 어떻게 다를지! 여러분은 자신의 정체성을 어디에 두고 있는가?

도입을 위한 질문

❶ 여러분은 이름의 의미와 그 의미대로 살고 있는지 나눠보십시오.

❷ 바로(Pharaoh)에 대해서 여러분이 아는 대로 이야기해보십시오.

본문 질문

❶ 모세와 아론의 요청에 대한 바로의 반응은 무엇입니까?(1-2절)

* 바로(1절): 출애굽 문제를 놓고 당시 모세와 아론이 대결해야 했던 애굽의 바로(Pharaoh)는 투트모세 3세의 뒤를 이어 왕이 된 아멘호텝 2세(Amenhotep Ⅱ, B.C. 1448-1424)였다.

❷ 모세와 아론의 요청에 대해 바로는 어떤 명령을 내립니까?(3–9절)

* 짚(7절): 단순히 땅에서 수거한 지푸라기가 아니라 잘게 썰어 다음 작업에 용이하도록 만든 것이다. 당시 애굽은 나일 강변에서 퍼온 점토와 썬 짚이나 왕겨를 혼합시켜 매우 내구성 강한 벽돌을 만들었다.

❸ 감독과 기록원들이 이스라엘 백성들에게 전한 말은 무엇입니까?(10–14절)

❹ 이스라엘의 기록원들이 바로에게 호소한 내용과 바로의 대답은 무엇입니까?(15–17절)

* 게으르다 게으르다(히브리어로 라파라파, 17절): '라파'의 원래 의미는 '(의도적으로) 늦추다'이다. 그러므로 이 말의 반복은 게으름에 대한 강렬한 비난과 증오를 담고 있다.

❺ 바로가 이스라엘 백성들에게 명한 또 다른 조치는 무엇입니까?(18절)

❻ 심한 노역의 명령을 받은 이스라엘 백성이 모세와 아론에게 한 말은 무엇입니까?(19–21절)

* 화(19절): '산산히 깨뜨리다, 상처를 입히다'라는 뜻의 동사 '라아'에서 온 말로 심각한 재난을 의미한다.

❼ 모세가 하나님께 호소한 내용은 무엇입니까?(22–23절)

* 어찌하여…어찌하여(22절): 이 말은 자신을 선택하신 하나님께 대한 분노 가득한 탄식이 아니다. 인간으로서 도저히 감당할 수 없는 참담한 상황 속에서 하나님의 초월적인 경륜을 이해하지 못한 채, 자신의 한계를 탓하는 모세의 절박한 심정이 담겨 있다.

더 깊은 연구와 묵상을 위하여

처음으로 직업 훈련소를 찾는 젊은이들의 손을 보면 무척 매끄럽고 부드럽다. 그러나 차츰 일을 배우기 시작하면 매끄럽던 손이 거칠어지고 손바닥에는 딱딱한 굳은살이 돋아 웬만한 충격에도 아픔을 느낄 수 없게 된다. 죄와 인간의 관계도 이와 마찬가지이다. 사람이 악한 일에 길들여져 있지 않을 때 그의 양심은 매우 민감하고 부드러워서 죄라는 이물질이 들어오는 즉시 예민한 반응을 일으킨다. 하지만 점차 악한 일에 익숙해지고 죄에 물들게 되면 양심은 굳어져 아무것도 느낄 수가 없게 된다. 그만 죄에 길들여져 버리는 것이다. 애굽의 바로 왕도 강퍅한 마음으로 거짓 회개에 길들여져서 하나님과 맞서 대항하려는 완악한 마음을 품은 채 교만의 굳은살만 키워가고 있었다. 무뎌진 그의 양심을 깨우치기 위해 하나님은 모세를 통해 끔찍한 재앙들을 여러 번이나 내리셨다. 그럼에도 그는 또다시 하나님께 대항하는 어리석음을 범했다. 이러한 바로를 통해 우리는 중요한 교훈을 얻을 수 있다. 하나님 앞에서 자신의 뜻을 굽히지 않는 자는 자신의 멸망을 앞당기는 어리석은 자에 불과하다는 것이다. 그렇다면, 우리는 어떠한가? 혹시 우리에게 이런 것이 생긴 것은 아닌가? 만약 그렇다면 우리 안에 있는 완악하고 교만한 양심의 굳은살을 벗기고 부드러운 양심과 진실한 마음으로 하나님 앞에 서도록 하자. 그럴 때 하나님은 우리를 보다 큰 자유와 기쁨으로 인도하실 것이다.

– 강병도, 「호크마 종합 주석」

❶ 바로가 모세와 아론의 요청을 거절하고 더 심한 노역을 시킨 이유는 무엇입니까?

❷ 모세와 아론은 주님의 뜻에 따라 행했지만, 바로라는 벽에 부딪치게 됩니다. 지금 여러분이 걷는 믿음의 길을 막는 바로(장애물)는 무엇입니까?

적용을 위한 글

일반적으로 우리는 지금껏 살아온 방식 그대로 유지하고 싶어하고 남에게 간섭받는 것을 싫어한다. 만일 그 영역에 침해를 당하면, '바로 왕'과 같은 태도가 나온다. 물론 개인적인 사소한 일에는 처지에 따라 감정을 조절할 수 있지만, 일단 권력을 잡고 그것에 맛을 들이면 다른 사람을 관리하고 참견하려는 경향을 보인다. 그러나 지도자는 자신에게 필요한 충고를 들을 수 있는 사람이어야 한다. 그렇지 못하면 자신이나 다른 사람들에게 위험을 불러올 수 있다. 바로는 이스라엘 백성들이 광야에 나가서 하나님께 예배드릴 수 있게만 해달라는 모세의 요청을 거절했다. 자신의 눈에 띄지 않으면 관리할 수 없다는 생각 때문에 간단한 요구조차 거절한 것이다. 모세와 바로의 대화 중에 가장 눈에 띄는 부분이 있다. "여호와가 누군데 내가 그의 말을 듣고 이스라엘을 내보내겠느냐?" 바로는 누구든 자신에게 도전하는 것을 참을 수 없었다. 그는 자신의 절대권을 주장하면서 자신만이 사람들이 필요로 하는 것을 충족시킬 수 있다고 믿었다. 정서적으로 성숙한 사람은 인생이 언제나 확실한 것은 아니라는 정도는 잘 알고 있다. 인생을 확실한 것이라고 생각하는 사람은 자신에게 신적인 힘이 있다면서 자신을 속이고 사는 사람이다. 이런 잘못된 욕망을 제거하는 방법은, 내가 나를 전적으로 관리할 수 없다는 것을 빨리 인정하고 사람들 사이의 긴장이 관계를 나쁘게 할 수 있다는 것을 아는 것이다. 남을 간섭하지 않고 있는 그대로 인정하는 태도를 훈련하면, 다른 사람과 새로운 관계를 맺을 수 있고 그로부터 얻어지는 이득 또한 클 것이다.

– 제임스 E. 깁슨, 「상처받은 마음 말씀으로 치유하는 지혜」

적용 및 결단을 위한 질문

❶ 십자가의 길을 막아서는 사탄의 계략에 맞설 때 필요한 것은 하나님의 전신갑주입니다. 하나님의 전신갑주가 무엇인지 적어보십시오(엡 6:11, 14-17).

❷ 문제에 봉착한 모세는 하나님께 기도했습니다. 지금 서로의 문제를 나누고 주님께 간절히 기도하는 시간을 가져보십시오.

07 언약

본문 출애굽기 6:1-13

외울말씀 이제 애굽 사람이 종으로 삼은 이스라엘 자손의 신음 소리를 내가 듣고 나의 언약을 기억하노라 (5절)

도입을 위한 글

하나님의 사람들이 광야에서 받는 첫 번째 수업은 기다리라는 것이었다. 모세의 실수는 조급함에 있었다. 모세는 하나님보다 앞서 행동했다. 40세가 되었을 때 모세는 하나님이 자신을 사용하시리라고 생각했다. 그러나 하나님은 모세가 80세가 되었을 때 부르셨다. 하나님의 때는 대체로 우리의 생각보다 더디게 온다. 오스왈드 챔버스는 "하나님의 그 크신 여유를 한번 생각해 보십시오! 그분은 결코 서두르지 않으십니다"라고 말했다. 우리는 급하지만 하나님은 급하지 않으시다. 하나님의 때는 반드시 찾아온다. 그리고 항상 정확하다. 성경에 나오는 인물 가운데 하나님이 귀히 사용한 사람일수록 많은 시간을 기다리게 하셨다. 기다리는 동안 하나님은 그 사람의 인격을 성숙하게 만드셨다. 하나님은 우리가 얼마나 많은 일을 하고, 얼마나 큰 일을 하느냐보다 우리가 누구인가에 관심이 있으시다. 그리스도인에게 있어서 "그가 어떤 사람인가"하는 문제가 "그가 무엇을 할 수 있느냐"보다 훨씬 중요하다. 인격이 결여된 하나님의 사역은 아무리 대단해 보일지라도 하나님이 기뻐하지 않으신다. 인격이 없는 사역은 단지 종교 사업이나 종교 활동에 지나지 않는다. 그래서 헨리 마틴은 "지상에서 최대 사업은 내 자신의 영혼을 성화시키는 일임을 내게 가르치소서!"라고 말했다.

– 강준민, 「뿌리 깊은 영성」

도입을 위한 질문

❶ 주님이 여러분에게 주신 약속이 있습니까? 그 약속에 대해서 나눠보십시오.

❷ 살면서 가장 힘들고 어려웠던 적은 언제입니까? 왜 그와 같은 환난을 당하였습니까?

본문 질문

❶ 낙심한 모세에게 주신 하나님의 약속은 무엇입니까?(1절)

* 쫓아내리라(1절): '축출하다, 추방하다'라는 뜻이다. 이 말은 자의로 추방한다는 의미보다 어쩔 수 없는 상황에서 내어준다는 의미가 강하다. 즉 여호와의 이적적 징벌로 말미암아 바로가 이스라엘 백성들을 노리어 쫓아내듯 황급하게 내어보내는 상황에 처하게 될 것인을 나타낸다.

Best G.B.S.

❷ 하나님은 모세에게 자신을 누구라고 밝히십니까?(2절)

* 여호와(2절): 이 이름(3:15)은 이중의 뜻이 있다. 영원 전부터 영원까지 스스로 계시는 절대자, 또는 선민과 더불어 언약을 맺으시고 그 언약을 반드시 성취시키시는 구속주의 의미가 있다.

❸ 하나님이 모세에게 상기시킨 언약의 내용을 적어보십시오(3-5절).

❹ 이스라엘 백성들을 향해 하나님이 "여호와"란 이름으로 약속하신 것은 무엇입니까?(6-8절)

* 맹세한(18절): 여기서 '맹세하다'란 원래 '하늘을 향해 손을 쳐들다'라는 뜻이다. 이는 상대방과의 약속을 신실히 이행할 것을 나타낸다. 실로 하나님은 아무런 가치 없던 인간들을 상대로 친히 손을 들어 언약하시고, 또한 그것을 신실히 이루어 가시는 완전한 겸손과 사랑을 베푸셨다.

❺ 모세로부터 하나님의 약속을 들은 이스라엘 백성들의 반응은 어떠했습니까?(9절)

❻ 하나님이 모세를 바로에게 보내려고 했을 때 모세는 어떻게 합니까?(10–12절)

* 입이 둔한(12절): 문자적 해석은 '할례받지 못한 입술'(KJV, RSV; uncircumcised lips)이라는 의미이다. 허다한 인간적 실수를 저지를 우려가 있는 미천한 입술, 혹은 맡은 바 사명을 수행하지 못하는 무능한 입술을 뜻한다. 이와 비슷한 표현으로 '할례받지 못한 귀'(렘 6:10), '할례받지 못한 마음'(레 26:41; 렘 9:26)이 있다.

❼ 하나님이 최종적으로 모세와 아론에게 주신 말씀은 무엇입니까?(13절)

더 깊은 연구와 묵상을 위하여

니콜라스 케이지 주연의 「당신에게 일어날 수 있는 일」이란 영화가 있다. 평범한 경찰관 랭은 식당에서 커피 한잔을 마시고 나오다가 마침 팁을 줄 돈이 없자 복권이 당첨되면 절반을 주겠다고 여종업원 이본느에게 약속한다. 그런데 정말로 400만 달러 복권에 당첨되자 랭은 주저하지 않고 절반인 200만 달러를 약속대로 여종업원에게 준다. 그러면서 그가 하는 유명한 말이 있다. "약속은 어디까지나 약속입니다"(Promise is promise). 이 영화를 보면, 이미 우리 사회에서는 약속이 휴지조각처럼 되어버린 지 오래라는 생각을 떨쳐버릴 수가 없다. 사람과 사람 사이에, 정부와 국민 사이에 정말 약속이 지켜지고 있는가? 성경 본문에서 우리는 하나님의 약속을 의심했기에 흔들리는 한 사람 모세를 만날 수 있다. 모세는 호렙산에서 하나님의 부름을 받고 출애굽의 지도자가 되지만 바로의 강한 반발과 백성들의 원망을 접했을 때 그의 확신은 흔들리고 깊은 낙심에 빠지고 만다. 이때 하나님은 모세를 찾아오셔서 다시금 당신의 약속을 상기시켜 주신다(출 6:4-5). 하나님은 아브라함 및 야곱과 함께 세우셨던 약속을 기억하고 계셨다. 그리고 그 약속대로 이스라엘 백성들을 애굽에서 이끌어내셔서 그들을 가나안 땅으로 인도하신다. 특별히 자신의 이름을 '여호와'로 밝히시는데 이는 '스스로 있는 자'란 뜻으로 영원하신 분, 그 약속에 신실하신 분이라는 의미를 가지고 있다. 하나님께서는 한 번도 그 약속을 어기시거나 바꾸신 적이 없다. 죄악에서 인간들을 구원하시겠다는 약속 때문에 그 외아들 예수 그리스도를 십자가에 내어주시면서까지 우리에게 주신 약속을 지키셨다. 하나님께서는 오늘날 우리에게도 성경을 통하여 수많은 약속들을 주셨다. 예수 그리스도의 재림의 약속으로부터 우리를 주님이 만드신 영원한 처소인 천국으로 인도하신다는 약속도 주셨습니다.

-「21세기 인터넷 선교방송 매일 큐티」

❶ 모세와 비슷한 낙심에 빠졌을 때 여러분은 무엇을 하였습니까?

❷ 여러분 스스로 주님께 한 약속이 있습니까? 그 약속을 신실하게 지키고 있는지 여러분을 돌아보십시오.

적용을 위한 글

기독교는 언약의 신앙이라고 할 수 있다. 성경은 구약과 신약으로 되어 있다. 그리스도 이전의 약속과 그리스도 이후의 약속으로 되어 있다. 여호와 하나님은 하나님의 사람들과 시시때때로 언약을 맺는다. 그리고 그 언약을 통해 하나님의 구속의 섭리를 이루시고 하나님의 뜻을 이 땅에 펼쳐가신다. 예수 그리스도는 모든 언약의 초점이며, 성경 언약의 알파와 오메가가 되신다. 하나님은 인자와 성실, 그 자체이시다. 하나님께서 우리와 언약을 맺으시는 동기는 그의 인자하심 때문이다. 그가 우리와 맺은 언약을 우리가 의심하지 않고 신뢰하고 살아갈 수 있는 까닭은 그의 성실하심 때문이다. 하나님의 인자와 성실로 인하여 우리는 그의 언약을 믿고 언약의 믿음 안에서 안식하며 살아간다. 우리의 기도와 찬양은 언약 신앙으로 인하여 힘을 얻는다. 하나님의 백성들이 역사 속에서 범죄하고 실패함에도 진멸되지 않는 것은 그분과의 언약 때문이다. 그러므로 우리가 범죄할 때 우리는 그 앞에 나아와 용서 구하기를 주저하지 말아야 한다. 우리의 범죄는 우리를 향하신 그의 언약의 실현을 지연시킬 수 있지만 결코 무효화되지는 않는다. 만일 우리가 우리의 죄를 자백하면 그는 그 자신의 신실하심에 근거하여 우리를 기쁘게 용서하신다. 언약 신앙이 가장 빛을 발하는 시간은 우리가 역경의 광야를 지날 때이다. 우리가 가는 길이 아무리 어둡고 험해도, 우리가 서있는 자리에 부는 바람이 아무리 거세고 추워도 우리가 흔들리지 아니함은 그분의 약속의 견고함 때문이다. 우리는 하나님의 언약 속에 있는 하나님의 인자와 성실을 확인하며 미래를 변함없이 소망하며 살 것이다. 언약의 신앙은 하나님의 백성들의 존재의 기반이다. – 이동원, 「하나님의 약속」

적용 및 결단을 위한 질문

❶ 하나님의 언약을 잊게 만드는 삶의 요인이 무엇인지 나눠보십시오.

❷ 어떠한 환난과 핍박이 있을지라도 하나님의 언약을 기억하는 삶을 살기 위해 서로 기도하고 격려해주십시오.

08 족보

본문 출애굽기 6:14-30

외울말씀 그들의 조상을 따라 집의 어른은 이러하니라 이스라엘의 장자 르우벤의 아들은 하녹과 발루와 헤스론과 갈미니 이들은 르우벤의 족장이요 (14절)

도입을 위한 글

역사의 시작에서 시작되는 체계적인 족보를 만들어 냄으로 이스라엘의 기원이 하나님으로부터 비롯되었으며, 또한 그들이 하나님의 선택된 민족임을 보여주기 위해서 족보가 필요했다. 예를 들면, 창세기 1-11장에 나타나는 족보들은 애굽에서 오랫동안 종으로 살다가 나온 이스라엘 백성들에게 뿌리가 하찮은 노예 민족이 아니라 하나님으로부터 선택된 거룩한 자손임을 밝혀주고 있다. 또한 하나님께서 역사의 주인이시며, 이스라엘의 역사가 하나님의 섭리에 의해 주관되고 있음을 보여준다. 창세기 1-11장의 족보는 이스라엘 민족의 족보(아벨-셋의 계열)뿐만 아니라, 다른 민족들(가인의 계열)도 함께 포함하고 있다. 이러한 기록을 통해서 하나님이 경건한 민족뿐만 아니라, 불경건한 민족들까지 주관하고 계심을 보여준다. 또한 이러한 족보에서 선택되지 못한 민족을 먼저 기록하고, 마지막에 선택된 민족을 기록함으로 거룩한 아벨의 계열이 역사의 주인임을 밝혀주었다. 내러티브 사이의 공백을 메우기 위해서 족보를 사용하는 경우도 있다(창 5장, 11장; 룻 4:18-22). 때로 족보는 한 세대를 마무리하고 다음 세대로 넘어갈 때에 그 시대를 정리하기 위해 사용되는 경우도 있다. 이러한 경우에는 족보를 통해서 이전 세대를 정리하고, 다음 세대를 이어갈 새로운 주인공을 부각시키고 있는 것이다. 출애굽한 이스라엘 백성들에게 이스라엘 인근에 사는 부족들의 근원을 밝힘으로써, 그들이 이스라엘과 친족 관계에 있는 민족임을 보여주고 있다.

– M. D. Johnson, 「구약에 나타난 족보의 역할」

도입을 위한 질문

❶ 여러분 집안의 족보에 대해서 알고 있습니까?

❷ 여러분은 족보가 왜 중요하다고 생각합니까?

본문 질문

❶ 야곱의 아들들의 이름을 열거해보십시오(창 49:1–27).

❷ 야곱의 첫째 아들과 그의 자손들은 누구입니까?(14절)

* 르우벤(14절): '보다'란 뜻의 '라아'와 '아들'이란 뜻의 '벤'이 결합하여 '보라! 아들이다'라는 뜻이다. 그는 야곱의 장자였으나 아버지의 첩 빌하와 동침함으로(창 35:22) 장자권을 상실하였다(창 29:32; 대상 5:1).

❸ 시므온 가족의 이름을 나열해보십시오(15절).

* 시므온(15절): 야곱의 둘째 아들로서, 레아의 소생이다(창 29:33). 유별나게 요셉을 미워했던 점이나(창 37:20), 레위와 더불어 세겜인을 과도하게 학살하였던 사실(창 34:25-30) 등으로 미루어 매우 잔인한 성품의 소유자였다.

❹ 레위 가족의 이름을 나열해보십시오(16-19절).

* 레위(16절): '연합'이란 뜻이다. 야곱의 셋째 아들이며 레아의 소생으로서, 시므온과 더불어 세겜인을 잔인하게 살육한 장본인이다(창 34:25-26). 애굽 이주 시 게르손, 고핫, 므라리 등 세 아들을 데리고 갔다(창 46:11).

❺ 모세를 중심으로 한 족보를 간단히 정리해보십시오(20절).

* 요게벳(20절): '하나님께서 영광 받으심'이란 뜻의 이름으로서 미리암, 아론, 모세의 모친이다. 예수의 어머니 마리아와 사무엘의 어머니 한나와 더불어 성경의 3대 현모(賢母)로 불린다(히 11:23).

❻ 아론을 중심으로 한 족보를 간단히 정리해보십시오(23-25절).

* 나답과 아비후(23절): 훗날 성막에서 하나님의 뜻을 무시한 채 다른 불로 분향을 드리다가 죽음을 당한 자들이다(레 10:1-2).

* 비느하스(25절): 거룩한 의분(義憤)으로 이스라엘 내에 만연한 음행을 척결함으로써 여호와로부터 '비느하스 언약'을 얻었던 정의의 사람이다(민 25:10-13).

❼ 하나님이 모세에게 주신 말씀과 모세의 반응은 무엇입니까?

* 이 말씀은 10-12절의 반복 기사이다. 이는 14-27절에 갑작스레 거론된 레위 가문의 족보로 인해 단절되었던 앞 부분과 역사를 무리없이 연결하는 역할을 한다.

더 깊은 연구와 묵상을 위하여

본문에서는 족보를 통해 사건의 역사성을 강조하고, 두 인물의 신적 권위의 합법성을 부여한다. 두 지도자의 역사성이다. 성경은 출애굽 이야기가 실제 사건임을 구약 전체를 통해 말하고 있다. 족보를 전체적으로 구분해보면, 먼저 출애굽의 두 주역인 모세와 아론의 조상인 레위 지파의 위치를 보이기 위해 르우벤과 시므온 지파의 족보가 간단히 소개된다. 이어서 조상 레위로부터 아론과 모세의 족보와 레위지파 내의 여러 가계들이 소개된다. 야곱의 열 두 아들 중 장남인 르우벤으로부터 시작되는 본문은 이스라엘 전체가 하나의 운명 공동체이면서 동시에 신앙 공동체임을 드러내기 위함이다. 또 한 가지 주목할 것은 14절 이하의 족보에서 그 수명이 기록된 사람이 네 명인데 (레위, 고핫, 아므람, 모세와 아론), 이것은 연대기적 관점일 뿐만 아니라 '4대만에 가나안 땅으로 돌아갈 것'(창 15:16)이라는 예언의 성취를 보여주는 것이다. 다음으로 두 지도자의 동역 관계이다. 하나님께서 모세와 아론을 동시에 부르신 데에는 이유가 있었다. 그것은 모세의 부족한 부분을 아론을 통해 채우고자 하심이었다. 우리는 출애굽 사건을 모세 중심으로만 생각하고 있지만 성경은 모세 혼자 그 일을 감당한 것이 아님을 보여준다. 하나님은 하나의 일이 시작될 때 필요한 리더를 세우심과 동시에 반드시 그 리더의 빈 부분을 채울 동역자를 함께 붙여주신다. 하나님의 구원을 이루기 위해 부름 받은 아론과 모세의 역할은 모두 중요했다. 하나님께서는 모세에게 출애굽과 율법 수여를 하셨고, 아론에게는 제사장의 사명을 주셨다. 기질과 성격이 다름에도 서로를 동역자로 삼으신 것은 서로가 채울 수 있는 강점들이 있었기 때문이고, 사역의 연속성을 이어갈 미래지향적 구도가 있었기 때문이다.

– 프리셉트, 「묵상하는 사람들」

❶ 르우벤, 시므온, 레위지파를 먼저 소개한 이유는 무엇입니까?

❷ 본문에 나타난 족보를 통해서 출애굽의 역사성을 재확인시켜주고 있습니다. 특별히 모세와 아론이 속한 레위지파의 족보를 통해서 의도하는 것은 무엇입니까?

적용을 위한 글

세상에서 가장 심오한 진리탐구의 각오와 기대감에서 신약성경을 펴고 첫 페이지를 읽는 사람마다 실망하고 던져버리는 것은 바로 따분한 예수님의 족보 때문이다. 사실은 그 족보 속에 복음의 소중한 열쇠가 숨겨져 있다. 예수님은 여인의 후손으로 태어난다는 약속이 있다(창 3:15). 예수님의 족보에는 네 여성의 이름이 있는데, 다말과 라합과 룻과 우리아의 아내 밧세바다. 다말은 시아버지를 꼬여 불의의 아들을 낳았고(창 38장), 라합은 여리고성의 창녀였으며, 룻은 이스라엘 사람이 개 취급한 이방의 과부였고, 우리아의 아내는 다윗왕과 간통해서 남편이 다윗에게 살해 된 후 남편의 원수와 동거한 여인이다. 하지만 예수님보다 낮고 천한 신분과 출생은 없다. 이 창피한 벌레 같은 나의 구주가 되기 위하여 취하신 하나님의 저자세이다. 족보를 통해서 우리는 하나님의 은혜와 십자가의 사랑을 확실하게 목도하게 된다.

적용 및 결단을 위한 질문

❶ "아브라함과 다윗의 자손 예수 그리스도의 계보라"(마 1:1)는 말씀이 우리에게 주는 족보의 진정성은 무엇인지 나눠보십시오.

❷ 예수님을 믿고 전하는 믿음의 족보가 이어지도록 먼저 현재의 족보를 만든 뒤, 믿음의 족보가 되기 위해서 필요한 부분들을 실천해보십시오.

09 재앙1_피

| **본문** 출애굽기 7:1-25

| **외울말씀** 모세와 아론이 여호와께서 명령하신 대로 행하여 바로와 그의 신하의 목전에서 지팡이를 들어 나일 강을 치니 그 물이 다 피로 변하고 (20절)

도입을 위한 글

모세와 아론은 완강하게 대적하는 바로 앞에 실망하지만, 출애굽을 위한 하나님의 시도를 계속되었다. 그러나 현실적으로 볼 때 모세와 아론, 그리고 이스라엘 백성들이 처한 상황은 암담하기만 했다. 당대 최고의 권력을 가진 애굽을 감히 대항할 만한 힘이 없었기 때문이다. 그러나 이 모든 권력 위에 계신 분은 하나님이셨다. 모세와 아론을 도우시는 분이 바로 하나님이신 것이다. 우리는 신앙의 길을 가는 동안 수많은 어려움에 봉착한다. 그래서 좀 더 쉽고 편한 길을 찾고 있으며, 하나님보다 당장 눈에 보이는 사람을 의지할 때가 많다. 모세를 부르신 분은 하나님이시다. 아론을 대언자로 세우신 분도 하나님이시다. 결국 이스라엘을 출애굽시킨 분은 하나님이시다. 마찬가지로 우리를 구원하신 분도 주님이시다. 우리에게 영생을 주시고, 천국으로 갈 수 있도록 길이 되어 주신 분도 예수님이시다. 우리는 오직 주님만을 바라보아야 한다. 당장 손해를 보고 어려울지라도, 우리의 걸음을 인도하시고 책임져주실 분은 오직 예수님 뿐이다.

도입을 위한 질문

❶ 여러분은 주님의 인도하심을 받고 있다고 생각합니까? 그 이유를 말해보십시오.

❷ 여러분은 바로 앞에 선 모세와 같이 어려운 장벽에 부딪혀 본 적이 있습니까? 그때 어떻게 했습니까?

본문 질문

❶ 하나님이 모세에 말씀하신 내용을 정리해보십시오(1-5절).

* 완악하게 하고(3절): '딱딱하게 하다, 굳게 하다'라는 의미가 있다. 즉, 더 이상 타협이나 대화의 여지가 없는 교만해진 마음의 상태를 나타낸다.

❷ 모세와 아론은 하나님의 말씀에 어떻게 반응합니까?(6절)

❸ 모세와 아론은 몇 세에 본격적인 사역을 시작하였습니까?(7절)

* 모세와 아론의 나이를 기록한 것은 그때의 상황이 구속 역사에서 중요한 전기를 맞았기 때문이다. 하나님이 당신의 섭리를 통해 새로운 일을 추진하고자 할 때, 그 당시의 나이를 고지함으로써 그 일의 역사성을 밝히는 동시에 어떻게 하나님의 뜻이 인간의 삶에 구체적으로 실현되어 가는지를 보이신다.

❹ 모세가 바로 앞에서 행한 이적은 무엇이었습니까?(8-12절)

* 아론이 던진 지팡이는 본래 모세의 지팡이었다(4:2). 그러나 이 지팡이로 하나님의 이적을 행하면서부터, 때로 아론이 사용하였다.

❺ 모세가 행한 이적을 본 바로의 마음은 어떠했습니까?(13-14절)

❻ 애굽 전체에 내려진 첫 번째 재앙에 대해서 설명해보십시오(15-19절).

* 히브리 사람(16절): 기본 동사 '아바르'는 '강을 건너다, 탈출하다, 극복하다'의 뜻이 있다. 이 말은 히브리인들의 역사적 유래와 사명을 암시하는 말이다(5:3).

❼ 첫 번째 재앙에 대한 바로의 반응은 어떠했습니까?(20–23절)

* 나일 강은 더 이상 생명과 축복을 주는 강이 아니라, 죽음과 더러움을 토해내는 강이 되었다. 따라서 이는 나일 강과 나일 강에 사는 물고기까지 우상화하여 섬겼던 애굽인들의 어리석음을 확실히 깨우쳐주는 재앙이었다.

더 깊은 연구와 묵상을 위하여

모세가 바로 앞에 나가서 출애굽의 역사를 시작할 때 나이는 80세였다. 사실 모세는 이 일을 40세에 시작하려고 했지만 실패하였고, 결국 노년기에 와서야 그 일을 수행하게 되었다. 다윗은 30세에 왕이 되었고, 요셉도 30세에 애굽의 국무총리가 되었으며, 예수님의 공생애도 30세에 시작되었다. 그러나 모세는 80세라는 늦은 나이에 시작하였고, 갈렙도 85세에 정복하기 힘든 헤브론을 점령하는 큰 역사를 이루었다. 이와 같은 사실을 고려해 볼 때 하나님이 크게 쓰시는 시기는 우리의 나이와 경험, 지식에 있지 않다는 것을 알게 된다. 하나님은 당신의 때에, 당신의 방법대로 사용하신다. 다른 사람이 나보다 더 빨리, 더 큰 일을 하고 있을지라도 실망할 필요가 없다. 하나님이 나를 부르시고, 사용하실 그 날을 위해서 지금 준비하고, 기도하여 주님의 음성을 들을 귀가 되어있기만 하면 된다. 주님의 목소리가 들리는가?

❶ 모세가 행한 기적과 바로의 요술사가 행한 것의 차이점은 무엇입니까?

❷ 하나님이 행하시는 놀라운 능력을 보고도 믿지 않는 바로의 모습이 여러분에게 주는 교훈은 무엇입니까?

적용을 위한 글

출애굽 시에 동원되었던 10가지 재앙들은 당시에 애굽인들이 신으로 섬기던 것과 관련이 있다. 그들은 태양을 비롯해서 나일 강에 있는 수많은 생물들을 신으로 섬겼다. 그들이 신으로 섬긴 것들은 10가지 재앙으로 나타난 것보다 더 많았다. 하나님은 그들이 신으로 섬기는 대상들을 동원해서 오히려 그들을 심판하는 일에 사용하셨다. 하나님은 이렇게 하심으로써 자신이 애굽인이 섬기는 신보다 탁월하고, 모든 것을 주관하는 분이라는 사실을 나타내셨다. 1재앙 피(출 7:14–25): 나일의 신 하피와 오시리스(Osiris), 크눔(Khnum). 2재앙 개구리(출 8:1–15): 헤크트(Hekqet: 개구리 머리를 한 탄생 · 부활의 신). 3재앙 이(출 8:16–19): 땅과 사막의 신 셋(Set). 4재앙 파리(출 8:20–32): 파리의 신 우아티트(Uatchit). 5재앙 가축 전염병(출 9:1–7): 암소신 하토르(Hathor), 황소신 아피스(Apis). 6재앙 독종(출 9:8–12): 의술의 신 임호텝(Imhotep), 질병의 신 세크멧(Sekhmet). 7재앙 우박(출 9:13–35): 하늘의 여신 누트(Nut), 곡식의 신 오시리스(Osiris). 8재앙 메뚜기(출

10:1-20): 곡물의 신 세트(Seth). 9재앙 어두움(출 10:21-29): 태양의 신 라(Ra)와 레(Re), 호루스(Horus), 하늘의 여신 눗(Nut), 하늘의 여신 하토르(Hator). 10재앙 장자의 죽음(출 11:1-10): 재생의 신 민(Min), 출산 시 여인을 돌보는 신 헤켓(Hekqet)(4월), 어린이 수호신 이시스(Isis), 다산의 신 오시리스(Osiris), 바로(일종의 신). 여호와께서는 위와 같이 애굽인들이 신으로 섬겼던 것들을 통해서 애굽인들을 징계하셨다. 이로 인해 여호와께서는 애굽인들이 그 동안 의지해왔던 모든 마술과 신들이 거짓임을 드러내셨다. 하나님은 이 재앙들을 통해서 오직 여호와만이 세상에 존재하시는 유일한 신임을 분명하게 나타내셨다.

적용 및 결단을 위한 질문

❶ 하나님의 때에 쓰임받는 일꾼이 되기 위해서 지금 여러분이 준비해야 할 것은 무엇인지 서로 나눠보십시오.

❷ 주님의 말씀에 온전히 순종하는 사람이 되기 위한 첫걸음을 말씀 묵상입니다. 한 주간 말씀을 묵상한 뒤, 다음 주일에 서로 나눠보십시오.

10 재앙2_개구리, 이, 파리

| **본문** 출애굽기 8:1-32
| **외울말씀** 그러나 바로가 이 때에도 그의 마음을 완강하게 하여 그 백성을 보내지 아니하였더라 (32절)

도입을 위한 글

개구리는 나일 계곡에서 많이 서식했다. 특히 강의 범람은 6월 중순경에 시작되었고, 개구리들의 출현은 9월경에 있었다. 원래 애굽의 개구리는 물이 범람하는 6월 전까지 급속도로 번식하는데 본문은 이런 번식과는 비교될 수 없을 정도의 무수히 많은 개구리가 출현했다는 것을 말하며, 이것 역시 자연적인 현상이 아닌 초자연적인 하나님의 역사였음을 말한다. 이 이적은 자연적인 현상이 아니라 하나님의 종들의 말과 행동으로 말미암은 것이라고 본문은 분명히 말씀한다. 일반적으로, 애굽의 개구리는 나일 강 물이 낮아질 때에 얕은 습지에 서식하는 개구리를 말한다. 이러한 개구리는 애굽에서 번성의 상징으로 숭배되었는데(어빙 젠센), 이렇듯 하나님이 특별히 애굽에서 신으로 숭배되는 개구리로써 재앙을 행하신 것은 애굽의 모든 신들이 헛되며 무능하다는 것을 보여주시는 것이었다. 이 개구리 재앙은 재앙의 의미 외에 다른 의미가 있는데, 당시 애굽 사람들의 개구리에 대한 개념은 우리의 생각과는 달랐다. 첫째, 개구리는 애굽의 요술사들이 점을 치는데 사용되었다. 둘째, 애굽 사람들은 개구리를 숭배하고 있었다. 고대 애굽의 수도인 테베에서 사람들이 장례식 때에 무덤에 개구리를 미이라로 만들었으며, 기념

비나 많은 조각품에 개구리의 형상을 새겼다. 셋째, 개구리는 애굽에서 신으로 상징되어 있었다. 개구리 모양으로 된 두 개의 신이 애굽에 있었다. 이런 애굽인들의 숭배의 대상인 개구리가 그들을 괴롭히는 재앙의 한 방법으로 그들에게 주어졌다는 것은 재앙이 가져다주는 육체적 고통 외에도, 그들 자신들이 신뢰하고 의지하던 그 자체가 하나의 재앙으로 고통을 가져다주었다는 점에서 시사하는 바가 매우 크다. 따라서 개구리 재앙은 애굽인들이 숭배하는 신들에 대한 징계로 이해할 수 있다.

도입을 위한 질문

❶ 우리 민족이 가지고 있는 토속신앙과 신에 대해서 여러분이 아는 대로 이야기해보십시오.

❷ 사랑의 하나님이 왜 인간에게 고통이 되는 재앙을 주신다고 생각합니까?

본문 질문

❶ 애굽에 내린 두 번째 재앙은 무엇입니까?(1–6절)

* 개구리(2절): '뛰어오르다, 울다'란 뜻의 동사 '차파르'에서 온 말로, 라나 모사이카(Rana Mosaica) 혹은 라나 닐로티카(Rana Nilotica)라는 학명을 가진 개구리 종류를 가리킨다.

❷ 바로의 요술사들은 어떻게 했습니까?(7절)

❸ 두 번째 재앙에 대한 바로의 반응은 무엇입니까?(8-15절)

* 내일이니라(10절): '지연시키다'란 뜻의 '아하르'에서 유래하였다. 바로가 '지금 당장'이라 하지 않고 하루의 간격을 둔 것은 밤새 개구리들이 자연적으로 사라질지도 모른다는 일말의 희망 때문이었다.

❹ 애굽에 내린 세 번째 재앙은 무엇입니까?(16-18절)

* 이(16절): '이'(蝨)로 번역된 히브리어 '킨님'은 그 뜻을 파악하기 힘들다. 그런데 애굽의 언어 · 지리적 여건과 문맥의 전후 상황으로 볼 때 '모기'로 보는 것이 합당하다. 애굽의 모기는 일종의 '각다귀'(모기와 유사하나 다리가 길고 몸집은 작으며 쏘는 힘이 강함)인데, 이것들은 사람들의 머리털과 옷 속, 심지어 눈과 콧속까지 기어 들어가 쏘아대므로 피부에 고통스런 자극을 일으킨다.

❺ 세 번째 재앙에 대해 바로의 요술사들은 어떤 고백을 합니까?(19절)

* 하나님의 권능이니이다(19절): 애굽의 술객들이 당황하여 바로에게 부르짖은 말이다. 그렇지만 그들이 한 이 말은 이스라엘의 유일신 하나님을 알고 고백한 말은 아니다.

❻ 세 애굽에 내린 네 번째 재앙은 무엇입니까?(20-24절)

* 파리 떼(21절): '혼합하다, 섞여 있다'라는 뜻을 지닌 '아라브'란 말에서 유래한 용어로서, '떼' 혹은 '혼합물'을 뜻한다. 이것은 집파리와는 구별되는 특종 파리로서 특별히 열대 지방에서 홍수 후 떼를 지어 몰려다니는 활동성 강한 파리이다(시 78:45; 사 7:18). 이 파리는 떼를 지어 몰려다니면서 짐승들과 사람에게 달라붙어 무서운 병을 옮기는 해충이다.

❼ 네 번째 재앙에 대한 바로의 두 가지 반응을 적어보십시오(25-32절).

더 깊은 연구와 묵상을 위하여

'이'라고 번역된 히브리어 단어는 성경에서 오직 '이' 재앙과 관련해서만 사용되었다(시 105:31). 애굽 사람들은 나일 강가의 비옥한 땅을 믿고 살았다. 그런데 그토록 그들이 믿고 의지하던 '땅의 티끌'이 하나님의 권능에 의하여 그들을 괴롭히는 '이'로 변했다. 이렇게 하나님은 사람들이 하나님보다 다른 것을 더 의지할 때, 그것을 도리어 그들에게 해가 되는 것으로 만드신다. 하나님께서 세 번째 내리신 재앙은 하수를 근원으로 한 것과 달리, 그 근원이 땅의 티끌을 통한 '이'라는 작은 생물이었다. 재앙이 가져다 준 피해는 실로 컸는데 거대한 물체를 통하여 주어진 것이 아니라 지극히 작은 것을 통해서였다. 힘없고 보잘것없는 작은 '이'가 재앙의 도구로 활용되어 거대한 무리를 형성하였을 때, 그 위력이 너무 놀라워서 이 모든 일이 하나님의 능력임을 깨닫게 되었다. 인간의 아주 작은 힘 앞에 몸이 파열되어 죽을 수밖에 없는 지극히 작은 것이었던 '이'가 하나의 거대한 집단을 이루어 편만하여질 때 이들의 힘은 사람이나 살아 있는 모든 생물에게 고통의 도를 가속시키기에 충분한 것이었다. 앞선 두 가지 재앙은 애굽의 요술사들도 흉내낼 수 있었으나 이번 재앙은 그 누구도 흉내낼 수 없음으로 인하여 애굽의 요술사들은 하나님의 위대하신 능력을 목격하게 되었다. 그 결과, 그들은 이후부터 모세와 아론 앞에 서지 못하고 말았다. 능력과 능력의 대결에서 작은 능력은 수치를 당할 수밖에 없다.

❶ 이 재앙이 피, 개구리 재앙과 다른 점은 무엇입니까?

❷ 애굽의 재앙 앞에 바로가 보인 태도와 말씀을 대하는 여러분의 태도를 비교해보십시오.

적용을 위한 글

하나님은 사랑의 하나님이심과 동시에 공의의 하나님이시다. 그렇다면, 하나님은 왜 심판하시는가? 인류는 이미 심판을 받은 상태이다. 즉 인류의 조상이 받은 저주와(창 3:19) 노아의 홍수 사건이 그것이다(창 6:1-8, 22). 이러한 심판은 일차적으로 하나님의 명령에 대한 불순종에서 온다. 인류가 공의로우신 하나님의 성품에 위배되는 행위를 지속하며, 하나님의 심판의 경고를 멸시할 때 심판을 내리신다. 또 이와 같은 심판의 목적은 무엇인가? 하나님은 의로써 이 세상을 통치하신다. 이 의로운 통치에 순종하는 자에게는 상을 주시며 불순종하는 자에게는 벌을 주신다. 이와 같이 하나님은 통치에 있어 보상과 형벌의 기준을 밝히기 위해 심판을 하신다. 뿐만 아니라 피조물을 겸손하게 하며 현재의 죄를 회개하게 하여 최후의 심판에서 칭찬받는 자가 되도록 심판을 하신다. 심판의 방법은 하나님의 말씀을 기준으로 한다. 그리고 심판을 통하여 하나님은 당신의 공의를 이 세상에 실현하시며 동시에 최후 심판에 대해 온 인류에게 예고하고 있는 것이다. 바로가 지배하는 애굽에 내린 하나님의 심판은, 하나님의 말씀에 불순종할 때 우리가 받을 심판과 같다.

적용 및 결단을 위한 질문

❶ 개구리, 이, 파리의 재앙과 같이 하나님의 말씀에 불순종할 때 하나님의 심판이 임합니다. 하나님의 심판을 피하기 위한 여러분만의 방법이 있다면 나눠보십시오.

❷ 하나님과 대적하려는 바로의 패역함은 모든 애굽인들에게 고통을 주었습니다. 여러분의 불순종이 여러분과 관계한 사람들을 고통스럽게 했던 경험을 나눠보십시오.

11 재앙3_돌림병, 종기, 우박

본문 출애굽기 9:1-35

외울말씀 여호와께서 모세에게 이르시되 바로에게 들어가서 그에게 이르라 히브리 사람의 하나님 여호와께서 말씀하시기를 내 백성을 보내라 그들이 나를 섬길 것이니라 (1절)

도입을 위한 글

영국의 온라인 일간신문인 텔레그래프는 지난 28일 10가지 재앙이 실제로 일어났다는 주장이 일부 과학자들로부터 제기됐다고 보도했다. 연합뉴스의 보도에 따르면, 연구자들은 출애굽기에 등장하는 모세가 유대인들을 해방시키기 위해 애굽에 내리게 했던 10가지 재앙이 기후변화와 화산폭발에 의한 것일 가능성이 크다고 규정했다는 것이다. 10가지 재앙은 기원전 1200년대 람세스 2세 재임 당시 고대 애굽의 수도에서 일어났다는 것. 이 재앙의 주요 원인은 급격한 기후변화였으며, 당시 기온이 급격하게 올라가면서 나일 강이 마르고 유속이 느려졌다는 것이다. 또한 이러한 환경은 수초가 번성할 수 있게 했으며, 이 수초들은 죽을 때 붉은색으로 변해 나일 강이 마치 핏빛으로 물드는 것처럼 보여 첫 번째 재앙과 일맥상통한다는 주장을 펼쳤다는 것이다. 이러한 독성이 있는 수초는 2-4번째 재앙인 개구리와 이, 파리 떼의 등장 배경이 되었으며, 곤충들은 질병을 옮기고 결국 사람들이 전염병에 걸리는 5, 6번째 재앙으로 이어졌을 것이라는 주장이다. 이러한 일부 과학자들의 수상에 대해 창조신학연구소장 조덕영 박사는 "애굽에 내린 10가지 재앙을 자연적 현상으로 보려는 해석은 이전에도 있었다. 하지만 피 재앙으로 시작된 10가지 재앙은 단순한 자연 재앙이 아닌, 하나님의 분명한 섭리가 담겨 있다. 일부 과학자들의 주장은 성경을 왜곡시키는 것이다"라고 지적했다. 특히 "하나님께서 모세를 통해 나일 강을 피로 물들게 한 것은 단순한 자연 현상이 아닌 애굽인들이 섬기는 오시리스가 무력한 우상에 불과하다는 것을 보여주려는 의미가 담겨 있다"며 "단순한 자연 현상에 불과했다면 하나님도 다른 신보다 조금 나은 신에 불과했다는 말이 되기 때문에 하나님의 절대성도 무너질 수 밖에 없다"고 우려의 목소리를 전했다. "그리스도인들은 10가지 재앙을 하나님이 단순한 이스라엘의 신이 아니라 온 우주의 창조주이며 통치자이심을 보여주는 것으로 이해해야 하며 반드시 애굽과 이스라엘의 구별의 표징, 즉 구속론적으로 해석하는 것이 필요하다"며 이런 해석이 자연스러운 정통적 해석 방법임을 강조했다.

– 2010년 3월 30일, 「아이굿 뉴스」

도입을 위한 질문

❶ 기상이변으로 인한 재앙이 우리 주변에서 많이 일어나고 있습니다. 그와 같은 소식을 들을 때 어떤 생각이 듭니까?

❷ 애굽에 내린 재앙을 대하는 여러분의 마음은 어떠합니까?

본문 질문

❶ 애굽에 내린 다섯 번째 재앙은 무엇입니까?(1-3절)

* 돌림병(3절): '전염병, 재앙'이란 뜻으로, 일반적인 역병(疫病)을 뜻한다. 여기에서는 짐승에게만 영향을 주는 전염병에만 국한되어 사용되었다. 특히 이 역병은 매우 심한 것으로 생명을 위협하는 치명적인 질병이었다.

❷ 하나님은 재앙을 예고한 후 얼마의 시간적 여유를 주셨으며, 애굽과 이스라엘의 가축은 각각 어떻게 되었습니까?(4-7절)

❸ 애굽에 내린 여섯 번째 재앙은 무엇입니까?(8-11절)

* 화덕(10절): 벽돌 굽는 가마나 금속을 녹이는 풀무, 용광로를 가리킨다.
* 재(10절): 강렬한 '불'의 소산물 이라는 점에서 '불'이 지닌 특성(열과 빛)을 상징한다. 이 '재'를 통해 발병하는 종기는 마치 불과 같이 뜨거운 열과 붉은 반점을 동반한 것이었다.

❹ 재앙에 담겨 있는 하나님의 메시지는 무엇입니까?(13-16절)

❺ 일곱 번째 재앙은 무엇입니까?(19–26절)

* 우박(19절): '우박'에 해당하는 히브리어 '바라드'는 본래 '춥다'라는 뜻으로, 돌처럼 단단한 얼음 덩이를 가리킨다. 특히 '무거운 우박'이라는 것은 그것이 엄청난 크기와 무게를 가진 얼음 덩이였음을 의미한다.

❻ 일곱 번째 재앙 후 바로는 어떻게 반응합니까?(27–28절)

* 이번은 내가 범죄하였노라(27절): 이 뜻은 '정말 이번에는 내가 잘못하였음을 인정하노라'이다. 그러나 바로의 이 고백은 진실된 회개가 아니라 죽음의 위협을 느낀 나머지 충동적으로 내뱉은 말이었다.

❼ 비와 우박과 우렛소리가 그친 후에 바로는 또 다시 어떻게 변합니까?(33–35절)

더 깊은 연구와 묵상을 위하여

악성종기 재앙은 부스럼으로 인해 심히 가렵고 진물과 고름이 나는 피부병이다. 하나님은 모세에게, 화덕의 재 두 움큼을 가지고 가서 바로의 눈앞에서 하늘을 향해 날리라고 명하셨다. 한편, 악성 종기는 애굽의 모든 사람들뿐만 아니라 바로의 요술객들에게도 발하였다. 그리하여 바로가 의지하던 요술객들조차 그의 앞에 설 수 없게 되었다. 그럼에도 바로는 홀로 고집스럽게 여호와를 대적하고 있다. 교만한 자의 완고함은 실상 가장 어리석은 선택이 될 뿐이다. 한편 이처럼 광범위하게 번져가는 전염병에도 이스라엘에 속한 가축은 단 한 마리도 죽지 않았다. 이것은 바로가 이 재앙이 하나님으로 말미암은 것임을 분명히 깨닫고 순종하게 하기 위함이었나. 심지어 하나님이 재앙의 기한을 정해주시기까지 하는데, 바로는 마음을 완강히 하여 이 같은 확실한 증거에도 하나님의 말씀에 불순종하고 있다. 교만은 영의 눈을 가려서 분명히 볼 수 있는 것조차 보지 못하게 만든다.

– 브루스 윌킨슨, 「날마다 주님과 함께」

❶ 하나님이 여섯 번째 재앙을 위해서 "화덕의 재"(8절)를 사용하신 이유는 무엇입니까?

❷ 바로의 모습을 통해서 발견할 수 있는 가짜 회개의 특징은 무엇입니까?

적용을 위한 글

하나님께서 모세를 통해서 바로의 애굽을 심판하실 때 예고 없이 재앙을 내리기도 했지만, 대체로 미리 경고하셨다. 금방 재앙을 내리시기보다 재앙 내리실 것을 미리 예고하시고 하루 정도의 시간적 여유를 주신 후에 재앙을 내리신 것을 알 수 있다. 이것은 그들에게 회개의 기회를 주시려는 하나님의 자비와 긍휼하심의 표현이다. 만일 우리의 행위대로 즉시 심판하시고 징벌하신다면 지금 살아남아 있을 사람은 단 한 사람도 없을 것이다. 계속해서 기회를 주시고 기다려주시는 하나님의 은혜가 있기에 지금 우리가 살아 있는 것이다. 그러나 하나님은 무작정 기다려주시는 분은 아니다. 마지막에 우리를 선악 간에 심판하실 분이라는 것을 절대로 잊어서는 안 된다. 따라서 지금 기회가 있을 때 우리는 주저하거나 지체해서는 안 된다. 하나님의 음성과 징조가 있을 때 즉각적으로 회개해야 한다. 기회가 있을 때 우리가 놓쳐버린다면 우리는 영원히 후회하게 될 것이다. 바로, 지금이 구원의 때이고 회개의 시간이다.

적용 및 결단을 위한 질문

❶ 여러분에게 베풀어주신 하나님의 자비와 은혜를 되새긴 후에 하나님의 사랑을 주제로 이야기를 나눠보십시오.

❷ 말씀 앞에 자신을 비추어 진심으로 회개하는 시간을 가져보십시오.

12 재앙4_메뚜기, 흑암

본문 출애굽기 10:1-29

외울말씀 여호와께서 모세에게 이르시되 바로에게로 들어가라 내가 그의 마음과 그의 신하들의 마음을 완강하게 함은 나의 표징을 그들 중에 보이기 위함이며 (1절)

도입을 위한 글

호주가 120년 만에 최악의 홍수피해를 입은데 이어 수백만 마리의 괴물 메뚜기떼 습격으로 몸살을 앓고 있다. 마치 성경 속 출애굽기에 기록된 10재앙이 현실화되는 모습이다. 호주판 데일리 텔레그래프는 10일(현지시각) 호주 퀸즈랜드 주와 뉴사우스웨일스 주 지역이 홍수 뒤 풍족한 수분공급과 무더운 날씨가 이어져 메뚜기 부화에 최적의 조건이 형성돼 수백만 마리의 메뚜기떼가 전역에 확산됐다고 보도했다. 이 메뚜기들은 호주 내에서도 가장 큰 몸집을 자랑하는 북부 메뚜기로 크기가 평균 8cm로 손바닥만한 '괴물 메뚜기'다. 메뚜기들은 수백만 마리가 떼를 지어 주변 농작물을 삽시간에 초토화시키고 있다. 현재 퀸즈랜드, 뉴사우스웨일스, 빅토리아, 남호주 등 호주국토의 절반가량이 큰 피해를 입었다. 빠른 속도로 남부지역에 이동 중이어서 피해는 확산될 전망이다. 괴물 메뚜기떼 습격에 대해 9일 뉴사우스웨일즈 1차 산업 장관인 스티브 완은 "이번 메뚜기 재해는 40년 만에 발생하는 최악의 피해가 될 것이다"라고 말했다. 한편 호주 정부는 메뚜기 박멸을 위해 헬리콥터를 이용, 공중에서 살충제를 뿌릴 예정이다.

– 2011년 2월 11일, 「뉴스한국닷컴」

도입을 위한 질문

❶ 재앙의 소식을 대하는 바른 태도에 대해서 나눠보십시오.

❷ 여러분이 주님의 말씀에 순종하기 어려울 때는 언제입니까?

본문 질문

❶ 하나님이 바로와 그의 신하들의 마음을 완강하게 하신 이유는 무엇입니까?(1-2절)

* 표징(1절): '신호, 깃발, 횃불, 증거, 표시' 등의 의미로, 이것은 하나님이 애굽에서 행하신 이적들을 뜻한다.

❷ 모세와 아론이 바로에게 경고한 내용을 정리해보십시오(3-6절).

❸ 바로가 모세에게 제안한 타협안은 무엇입니까?(7-11절)

* 어느 때까지(7절): '얼마나 오랫동안'(KJV: How long)으로 해석할 수 있다.

❹ 애굽에 내린 여덟 번째 재앙은 무엇입니까?(12-15절)

* 메뚜기(12절): '많음, 증식자, 무리, 떼'라는 뜻을 가진 '라바'에서 유래하였다. 메뚜기는 초식 동물로서 이름의 뜻과 같이 대량으로 몰려다니면서 대량 생식을 하며, 바람의 변화에 의하여 천문학적인 숫자로 떼를 지어 집단적으로 이동한다.

❺ 메뚜기 재앙에 대한 바로의 반응은 어떠했습니까?(16-19절)

❻ 아홉 번째 재앙이 애굽에 임한 이유와 그 재앙은 무엇입니까?(20-22절)

* 캄캄한 흑암(20절): '호쉐크'와 '아펠라'는 동의어로서 '어두움, 흑암'이란 뜻을 동시에 지닌다. 히브리어에서 동일한 두 단어, 혹은 동의어를 결합시키면 그 의미를 아주 강하게 하는 효과를 준다.

❼ 아홉 번째 재앙 후에 바로와 모세는 어떻게 하기로 합의했습니까?(23-29절))

더 깊은 연구와 묵상을 위하여

완악한 바로에게 이스라엘의 하나님은 모세를 통해 왕에게 나아가 하나님 앞에 겸비하지 않는 왕에게 겸손과 순종을 요구하신다. 그리고 자신의 백성들을 보낼 것이라고 촉구하신다. 그러면서 보내지 않을 때는 메뚜기의 엄청난 재앙을 당할 것을 말씀한다. 그동안 침묵하고 있던 바로의 신하들이 왕 앞에서 진언을 하게 된다. 신하들은 이제야 하나님의 능력과 위엄을 느끼기 시작한 것이다. 문제는 아직도 느끼지 못하고 있는 바로이다. 그의 교만과 아집으로 인해 하나님의 심판 재앙이 시작되게 되는데, 메뚜기의 식성은 가히 파괴적이었다. 모든 식물을 삼켜버리는 공포, 그 자체였다. 강대국인 애굽이 메뚜기 같은 미물집단에 무너져 버리는, 이는 실로 나약한 인간의 모습을 보여준다. 급히 회개하여 모세를 불렀다. 메뚜기 재앙의 종료를 고할 때 식언하며 자신의 옛 교만과 아집의 세계로 들어간 바로는 또 다시 하나님의 말씀에 불순종하게 된다. 벼는 익으면 고개를 숙인다고 했다. 힘이 있고 능력이 충만할 때 자신의 위치에서 겸손과 순종이 있을 때 얼마나 아름다운 모습일까! 우리는 하나님 앞에 겸손한 자세로 그분의 말씀에 귀를 기울이며 순종할 줄 아는 사람이 되어야 한다. 충언이역(忠言移易)이라 했다. 충성스러운 진언은 귀에 거슬리게 마련이다. 하지만 그것이 한 개인과 그가 속해있던 조직과 국가, 교회가 사는 것이다. 모세의 말에 귀를 기울였다면 애굽이 그 토록 고생하지 않았을 것이다. 강단을 통해 전해지는 하나님의 말씀이 우리의 귀에 거슬릴 수도 있다. 그러나 바로가 될 것인가 축복의 사람이 될 것인가의 선택은 우리가 해야 할 것이다. — 목원대학교회, 「말씀큐티」

❶ 하나님은 왜 바로의 마음을 완악하게 만드셨습니까?

❷ 애굽 전역에 재앙이 임했지만 이스라엘 백성들이 거주한 땅은 예외였습니다. 이것을 통해서 무엇을 깨닫습니까?

적용을 위한 글

세 번째 이 재앙과 여섯 번째 악성 종기 재앙처럼, 아홉 번째 흑암 재앙도 아무런 예고가 없었다. 재앙 때마다 공포에 경악하고 재앙의 제거를 갈구하며 항복을 약속했지만 금방 완악하여 언약을 파기해버린 바로에게 아홉 번째 재앙은 최종적 통보였던 것이다. 물리적인 어두움은 빛에 대한 반대현상을 말한다. 성경적으로는 하나님의 은혜가 단절된 상태를 뜻한다. 흑암 재앙은 물리적으로나 영적으로 캄캄한 세상이 되어버렸다는 것을 말하는 것이다. 하나님과의 관계가 완전히 단절된 상태요, 태양은 운행하나 애굽인들은 그 태양

빛을 전혀 볼 수 없는 흑암 상태였던 것이다. 흑암이란 그 자체조차 느낄 수 없는 빛이 있기 전의 태초의 어두움 상태를 그렇게 표현한 것이라고 했다. 한마디로, 칠흑 같은 어두움이 3일 동안 애굽의 온 땅에 덮였던 것이다. 하나님은 애굽에서 '최고로 추앙받는 태양신'(Ra)의 허구성을 확실히 인식하게 하심으로 바로에게 세상에 어떤 것도 더 이상 의지할 수 없다는 절망감을 주었던 것이다. 하나님 없는 세상은 생지옥과 같은 것이다. 그러나 이스라엘 백성들이 거하는 곳에는 광명이 있었다. 오늘날 우리에게도 은혜의 빛을 주심을 감사하며 아직도 어두움 가운데 있는 이웃을 인도하는 자들이 되자.

– 용해동교회, 「생명의 말씀」

적용 및 결단을 위한 질문

❶ 흑암 재앙을 통해서 애굽인들은 자신들이 믿고 있는 태양신의 무능을 깨달았습니다. 지금 여러분 마음 속의 우상은 무엇이며, 그것을 버리기 위한 결단을 하십시오.

❷ 하나님의 은혜가 없을 때 인간의 마음은 완악해 집니다. 매 순간 하나님의 은혜 아래 살 수 있도록 겸손히 주님께 기도하십시오.

13 마지막 경고

본문 출애굽기 11:1-10

외울말씀 여호와께서 모세에게 이르시기를 바로가 너희의 말을 듣지 아니하리라 그러므로 내가 애굽 땅에서 나의 기적을 더하리라 하셨고 (9절)

도입을 위한 글

일곱 살 된 어느 남자 아이에 관한 이야기다. 이 아이가 소아과 병원에 진료를 받으러 오는 날에는 의사들이 모두 치를 떤다고 한다. 병원의 온 방을 돌아다니면서 서류를 흩어놓고 바닥에 던지며 전화를 주물러 댄다. 어떤 때는 가구에 온갖 크레파스로 칠까지 해놓는다. 그럴 때마다 그의 어머니는 당황해서 어쩔 줄을 몰라 한다. 어느 날, 아이에게 충치가 있음을 발견하고 그 동네 병원 중에서 아이를 잘 다룬다고 소문난 의사 선생님께 보내기로 결정을 했다. 미리 연락받은 그 의사 선생님은 단단히 전투 준비를 갖추고 진료실에 들어섰다. "의자에 앉거라, 꼬마야." 의사가 말했다. 잠시 자기의 적을 노려보던 아이는 말했다. "나를 의자에 앉히면 옷을 다 벗어버릴 거예요." "그렇게 하려무나." 그러자 이 꼬마가 팬티만 남기고는 옷을 다 벗어버렸다. "애야, 이제 의자에 올라가 앉거라." "아직도 앉으라고요? 그러면 정말 옷을 다 벗을 거예요." "그래? 그렇다면 모두 벗으렴." 이 아이가 씩씩거리면서 정말 팬티까지 벗어버렸다. "자, 이젠 네 말대로 다 벗었으니 의자에 앉거라." 이때 아이의 표정이 변하더니 아무런 소리 없이 의자에 앉아 고분고분 치료를 받았다. "이젠 옷을 주세요." 의자에서 내려온 아이가 말했다. "미안하다. 오늘은 네 옷을 병원에 보관할 테니 내일 찾으러 오렴." 이 선생님의 아이 훈련이 이렇게 계속된다. 결국 팬티 하나만 얻어 입은 채로 엄마와 함께 병원을 떠난 그 다음날, 다시 선생님을 찾은 그 엄마는 땅에 코가 닿을 정도로 인사하며 감사해 했다. 백화점이나 공공장소에 갈 때마다 엄마에게 졸라대고 그때마다 원하는 대로 들어주지 않으면 몽땅 옷을 벗어버리겠다고 엄마를 협박(?)하던 이 아이의 못된 버릇이 고쳐진 것이다. 이처럼 유별나게 고집이 센 아이는 자신의 부모까지 조종하는 능력을 지니고 있다. 이것을 단호한 훈련과 대결로 물리쳐야 할 책임이 부모에게 있는 것이다. 하나님은 지금 고집 센 아이 같은 바로를 훈련시키고 계신다.

도입을 위한 질문

❶ 바른 신앙생활을 위해서 반드시 버려야 할 여러분의 고집은 무엇입니까?

❷ 경고를 무시하다가 어려움을 당한 적이 있다면 나눠보십시오.

본문 질문

❶ "한 가지 재앙"이란 무엇을 가리킵니까?(1절)

* 한 가지 재앙(1절): 애굽 사람들에게 속한 것으로서 사람과 가축의 처음 난 것, 곧 그들의 장자와 초태생이 죽게 되는 열 번째 마지막 재앙을 의미한다.

❷ 마지막 재앙 후에 하나님은 이스라엘 백성들에게 무엇을 요구하라고 말씀합니까?(2절)

* 말하여(2절): 원래의 뜻은 '귀엣말로 이야기하다'이다. 이는 애굽인들의 감정을 자극하지 않도록 그들 몰래 은밀히 전달하라는 의미이다.

❸ 하나님이 모세에게 말씀하신 내용이 무엇인지 정리해보십시오(1-3절).

❹ 모세가 바로에게 전한 마지막 재앙의 내용은 무엇입니까?(4-6절)

* 가축의 처음 난 것(5절): 여기서 '가축'이란 재산으로서의 가치가 있는 동물뿐만 아니라 애완용부터 종교적인 성수(聖獸)로 여겨 사육되고 보호받던 모든 종류의 동물을 통칭한다.

❺ 하나님은 마지막 재앙이 임할 때 애굽 사람과 이스라엘 사이를 어떻게 하신다고 말씀합니까?(7절)

❻ 모세가 바로에게 나오면서 마지막으로 경고한 것은 무엇입니까?(8절)

* 너를 따르는(8절): 히브리 원문대로 번역하면, '네 발에 있는'이며, 바로와 그의 신하들이 모세를 이스라엘의 지도자로 인정할 수밖에 없을 것임이 예고되었다.

❼ 바로를 만나고 나온 모세에게 하나님이 말씀한 것은 무엇입니까?(9–10절)

더 깊은 연구와 묵상을 위하여

창세기를 보면, 롯이 살고 있는 소돔에 두 명의 천사들이 방문을 하게 되었다. 그 두 명의 천사들은 소돔을 보호하거나 지키기 위하여 온 자들이 아니었다. 그들은 소돔을 멸망시키기 위하여 온 하나님의 사자들이었다. 성경을 보면 너무도 악하고 추하며 무서운 죄들이 많아서 도무지 더 이상 두고 볼 수 없는 곳이 소돔과 고모라였다. 롯은 소돔을 방문한 두 천사들이 누구인지 알지 못했으나, 그들을 나그네로 생각하고 자신의 집으로 초대를 했다. 그리고 롯은 그들을 극진하게 잘 대접해 주었다. 두 천사들을 정성껏 대접해서 복을 받은 사람은 아브라함의 조카인 롯이다. 결국 롯과 두 딸은 천사의 말대로 소돔을 빠져나가 소알에 이르러 구원을 받을 수 있었다. 그러나 롯의 아내는 소돔에 남겨둔 재산과 물질을 생각하면서 천사의 경고를 무시하고 뒤를 돌아다봄으로 소금기둥이 되었고, 롯의 사위들은 천사의 경고를 농담으로 여겼다가 비같이 내리는 유황과 불 속에서 한 줌의 재로 변하고 말았다. 이 시대에도 복음을 전하는 하나님의 종들의 경고를 무시하는 자들이 허다하다. 하나님의 말씀들을 고서에 기록된 신화 정도로 여기는 자들도 적지 않다. 아예 무신론적인 입장을 취하고 소돔과 고모라의 타락한 문화를 신나게 즐기는 젊은이들도 많다. 깨어있는 믿음으로 천사의 경고를 들을 수 있는 영적인 귀를 가진 자들이 복된 자들이다. 미래시대의 세상은 돈 많고 권력이 있는 인간들을 위한 흥청거리는 쾌락의 도가니가 될 것이 뻔하다. 현재보다 더욱 극심한 물질만능주의와 쾌락주의와 무신론적인 지식과 문화들이 팽배하는 소돔과 고모라가 될지도 모른다. 그리고 하나님의 역사로 홀연히 심판의 날이 임하게 되면, 구원을 받을 수 있는 자들은 과연 누구일까? 영적인 귀를 열고 하나님의 경고와 말씀들을 듣고 선한 믿음으로 산 자들만이 새 하늘과 새 땅의 주인공들이 될 수 있을 것이다. 하나님의 말씀을 듣고 순종할 수 있는 믿음으로 산다는 것은 가장 귀한 축복이 아닐 수 없다.

–「햇볕 같은 이야기」(www.cyw.pe.kr)

❶ 바로를 향한 마지막 경고는 곧 마지막 재앙에 대한 예고입니다. 지금까지의 재앙과 마지막 재앙의 차이점은 무엇입니까?

❷ 하나님의 말씀에 순종하는 것이 왜 중요한지 애굽에 임한 재앙과 연결해서 이야기해보십시오.

적용을 위한 글

하나님이 자신을 우리에게 계시하신 방법 중에 하나는 우리의 양심이다. 양심은 영혼의 등불로 묘사되어 왔다. 양심이 죄로 인해 무뎌지고 어두워져도 그것은 여전히 선과 악의 실체에 대한, 하나님의 거룩하심에 대한 증거가 될 수 있다. 우리가 잘못을 저질렀을 때, 우리 안에서 경고등을 작동시키는 것은 무엇인가? 그것은 우리가 악에서 떠나 선을 향해 나아가도록 하나님이 부여하신 양심이다. 양심은 친절한 교사이자 친구일 수 있는데, 우리가 죄를 짓는다면 최악의 적이 되기도 한다. 칸트는「순수이성비판」에서 그가 충만한 경외감을 느끼는 것이 두 가지가 있는데, 위로는 별이 빛나는 하늘이고 내면으로는 인간의 양심이라고 했다. 지속적으로 짓는 죄는 우리의 양심을 무디게 하고 심지어 침묵하게 만들기도 한다. 그러나 하나님의 말씀에 대한 지속적인 관심은 우리의 양심을 더욱 날카롭게 하고, 도덕적이고 영적인 위협에 대해 더욱 민감하게 만든다. 이런 일이 여러분의 삶에서 일어나고 있는가?

– 빌리 그래함, 「희망」

적용 및 결단을 위한 질문

❶ 여러분의 고집은 하나님의 말씀에 대한 불순종으로 이어집니다. 로마서 2:5을 찾아서 적은 후 묵상해보십시오.

❷ 지금 하나님은 여러분에게 경고하고 계십니다. 그 내용은 성경에 기록되어 있습니다. 매일 성경을 묵상하면서 주님의 경고에 귀를 기울이십시오.

14 유월절

본문 출애굽기 12:1-20

외울말씀 너희는 그것을 이렇게 먹을지니 허리에 띠를 띠고 발에 신을 신고 손에 지팡이를 잡고 급히 먹으라 이것이 여호와의 유월절이니라 (11절)

도입을 위한 글

시골에 가면 개미귀신이 있다. 이 개미귀신은 명주잠자리의 유충으로, 개미가 제일 잘 다니는 길목 모래사장이나 흙에 함정을 파놓고 흙 속에 숨어 기다린다. 개미가 아무리 조심히 다녀도 일단 그 함정에 빠졌다하면 주르르 미끄러진다. 개미가 미끄러져서 밑에 닿으면, 숨어있던 개미귀신이 나와서 개미를 붙잡아서 피와 진액만 빨아먹는다. 그렇게 껍데기는 싹 버리고, 아무일 없었던 것처럼 깨끗하게 청소해 놓고 또 기다린다. 그러니까 개미가 열 마리가 빠졌든지 백 마리가 빠졌든지 전혀 흔적이 없다. 그런데 한 개미 엄마가 이 사실을 알고 아들에게 교육을 시키려고 그곳으로 데리고 갔다. "아가?" "네, 엄마." "여기 좀 봐." "뭔데요?" "여기는 말이야, 우리 개미들을 잡아먹으려고 개미귀신이 함정을 파놓은 곳이야. 그러니 숨바꼭질한다고 여기서 놀다가 쭉 내려갔다가는 귀신한테 잡혀 먹히니까, 절대 내려가면 안 돼!" "어디요? 안 보이는데……." 엄마가 아무리 일러줘도 아들은 믿지 않았다. 안 보이는데 어떻게 믿느냐는 것이었다. 그곳에서 계속 숨바꼭질을 하겠다는 아들을 보며 엄마는 결심했다. '내 한 목숨 죽어서 아들을 살리리라!' 그리고 아들을 개미귀신 함정 옆에 앉혀 놓았다. "너, 그러면 이 엄마를 잘 봐"하며 주르르 함정으로 내려갔다. 엄마 개미가 바닥에 닿자마자 개미귀신이 불쑥 나와서 개미 엄마의 허리를 꼭 물고 들어갔다. "이것 보렴, 너는 절대 여기에 들어오면 안 돼!" 이것이 개미 엄마의 마지막 자녀 교육이었다. 이런 분이 바로 예수 그리스도이시다. 우리가 빠져 죽을, 보이지 않는 그 무시무시한 함정! 온 인류가 다 빠져 죽을 함정에 예수님은 빠져 죽으시면서 너희는 절대 여기 들어오지 말라고 하셨던 것이다. "유월절 양 곧 그리스도께서 희생되셨느니라"(고전 5:7).

도입을 위한 질문

❶ 여러분은 사랑하는 사람을 위해서 어디까지 희생할 수 있습니까?

❷ 여러분이 유월절에 관해서 알고 있는 것을 나눠보십시오.

본문 질문

❶ 하나님이 이스라엘 온 회중에게 주신 새로운 달력은 무엇입니까?(1-2절)

* 첫 달(2절): 아빕(Abib)월이라 불리는데 바벨론 포로 이후에는 니산(Nisan)월로 그 이름이 바뀐다(느 2:1). 한편 이 달을 태양력으로 환산하면 대략 3, 4월이다.

❷ 하나님의 재앙을 피하기 위해서 이스라엘 온 회중이 준비해야 할 것은 무엇이었습니까?(3절)

* 회중(3절): '이스라엘의 온 백성'(Living Bible: all thepeople of Israel), '이스라엘의 공동체'(TEV: the whole community of Israel)를 뜻한다.

❸ 유월절에 드리는 제물은 무엇이고, 그것은 어떻게 처리해야 합니까?(4-7절)

* 흠 없고(5절): 거룩하신 하나님께 바치기에 적절하고 완벽한 상태의 것을 의미한다.
* 일 년 된(5절): 특별히 '1년'이 요구된 것은 그때가 양이나 염소에게 있어 가장 신체적으로 왕성하기 때문이고, 또한 한 가족 단위(약 10명)에 적절한 고기량을 제공할 만큼 살찌기 때문이다.
* 수컷(5절): 수컷이 양성(兩性)을 대표한다는 기능과 10번째 재앙의 대상이 장자이므로 수컷이 그 사실을 상징하는 역할을 한다.

❹ 유월절 음식과 먹는 방법은 무엇입니까?(8-11절)

* 불에 구워(8절): 제물의 고기는 완전히 소화(燒火)되거나 삶아지는 것이 통례였다.
* 무교병(8절): 효소의 역할을 하는 누룩을 넣지 않고 만든 빵이다.
* 쓴 나물(8절): 원문에는 구체적으로 어떤 종류의 식물인지는 밝히지 않고 단순히 쓴 것(메로림)이라고만 표기하였다.

❺ 유월절에 대해서 설명해보십시오(11–14절).

* 유월절(11절): 문자적으로 '넘어간다'(Passover)라는 뜻으로서, 여호와께서 애굽을 심판하시던 날 밤 죽음의 천사가 피 묻은 이스라엘 백성들의 집은 그냥 지나쳐 넘어간 사건에서 유래된 말이다.

❻ 유월절부터 시작하여 7일 동안 지켜야 하는 절기는 무엇입니까?(17–18절)

* 무교절(17절): 아빕월 15일부터 21일까지를 말한다. 유월절(아빕월 14일)이 하나님의 심판과 구속의 밤을 상기시키고 기념하는 절기라면, 무교절은 출애굽한 사실 자체를 기념하는 절기이다.

❼ 이스라엘 회중에서 끊어지는 자는 어떤 사람들입니까?(15, 19절)

더 깊은 연구와 묵상을 위하여

학가다는 유대인의 민족 문학서, 또는 민족 역사라고 할 수 있는 문서이다. 이 문서에는 유대인들이 최대 축제인 유월절에 대한 언급이 있다. 유월절은 유대인들이 애굽에 노예로 잡혀 있다가 탈출하여 유대로 귀환한 때를 기념하는 출제일이다. 학가다에서 그때의 해방의 환희와 소중함을 언급하고 있는 것이다. 그 이야기는 이런 구절로 시작된다. "우리는 애굽에서 바로의 노예였다." 세계의 민족사에서 이와 같이 굴욕적인 패배의 이야기로 시작되는 예가 또 있겠는가? 더욱이 제 스스로의 힘으로 해방한 것이 아니라 '해방되었다'라고 수동형으로 기록하고 있다. 해방이 하나님으로부터 온 것임을 나타내는 것이다. 이러한 겸손한 태도, 곧 사람들의 힘의 한계를 받아들이는 태도가 유대인들로 하여금 패배 속에서도 살아남게 한 비결이었다. 세상의 모든 문명은 타민족에게 정복되는 즉시 사라졌지만 유대문명은 수천 년 전에 잃어버린 땅을 오늘날에 다시 되찾은 것이다. 사람들은 누구나 자신이 고귀한 태생이기를 바란다. 그러나 우리를 구원해주는 자각은 바로 우리 자신이 처참한 죄인의 후예임을 자각하는 것에서 시작된다. 예수님의 복음은 자신이 이미 의인인 자에게는 해당되지 않기 때문이다. 인간에게 베풀 수 있는 인간의 가장 큰 긍휼은 그가 죄인임을 깨닫게 해주는 것이다. 그리고 그 죄에서 돌이킬 때 참된 해방과 구원을 받을 수 있는 것이다.

– 마빈 토케이어, 「리빙 탈무드」

❶ "달의 시작 곧 해의 첫 달"(2절)에 대해서 좀 더 구체적으로 설명해보십시오.

❷ 유월절은 예수 그리스도의 구원을 예표합니다. 어떤 관련이 있는지 설명해 보십시오.

적용을 위한 글

새롭게 시작할 수 있다는 것은 얼마나 좋은 일인가? 지나간 삶에 드리운 어두운 구름을 걷어내고 잘못된 선택 이전으로 돌아가서 다시 시작할 수 있다면 축복일 것이다. 잘못된 결정으로 휘청거리는 사업을 그 결정 이전에서 새롭게 시작할 수 있다면 얼마나 좋겠는가? 사는 데 정신없이 바빠서 인생의 민감한 시기에 있던 아이들에게 제대로 신경을 써주지 못했고 이제는 다 자란 아이들과 대화가 통하지 않아 아픈 마음을 부둥켜안고 살아가는 부모들에게 아이들이 어릴 때로 돌아가 다시 시작할 수 있다면 얼마나 좋겠는가? 하나님은 애굽에서 종살이를 하고 있는 이스라엘 민족에게 선물을 주신다. "이 달을 너희에게 달의 시작 곧 해의 첫 달이 되게 하고"(출 1:1). 새 출발이다. 어느 교회에서는 교회 창립 50주년인 희년을 앞두고 몇 년 전부터 연도를 이렇게 부른다. '희년설렘 첫 해, 희년설렘 둘째 해'. 희년을 바라보며 새로운 마음으로 다시 시작하자는 것이다. 유월절에서 월(越)은 '넘는다'라는 뜻이다. 죽음의 재앙이 이스라엘 집에는 들어오지 않고 건너뛰어 넘었다라는 말이다. 유월절은 이스라엘 민족에게 해방절과 같은 절기다. 어린 양은 예수 그리스도를 나타내며 어린 양의 피를 집 문의 좌우 기둥과 가름대에 바른 것은 우리의 마음에 예수 그리스도의 십자가의 보혈이 칠해져 있다는 것을 뜻한다. 죄를 지은 사람은 영원히 죽을 수밖에 없다. 그러나 예수님의 보혈 덕분에 멸망하지 않고 영생을 누릴 수 있게 되었다. 하나님은 새롭게 시작하게 하시는 분이다. 제 아무리 큰 실수를 저질렀어도 하나님 안에서는 새 출발을 할 수 있다. 그래서 복음, 곧 복되고 기쁜 소식이다! 늦었다고 생각할 때가 빠른 때다. 내가 다시 한번 결단하고 새롭게 출발해야 할 것이 무엇인가?

– 지형은, 「지금 시작하십시오」

적용 및 결단을 위한 질문

❶ 어린 양의 희생제물로 이스라엘 백성들은 새로운 삶을 향해 출발할 수 있었습니다. 마찬가지로, 예수 그리스도의 십자가를 통해서만 여러분도 새로운 삶을 살 수 있습니다(고후 5:17). 여러분을 대신하여 죽으신 예수 그리스도를 향한 감사의 고백을 적어보십시오.

❷ 유월절은 단순한 절기가 아닌 생명과 연결되어 있는 중요한 절기입니다. 오늘날 여러분이 유월절의 의미를 매 순간 기억하기 위해서 무엇을 해야할지 결심해보십시오.

15 마지막 재앙_장자의 죽음

| 본문 출애굽기 12:21-36

| 외울말씀 밤중에 여호와께서 애굽 땅에서 보든 처음 난 것 곧 왕위에 앉은 바로의 장자로부터 옥에 갇힌 사람의 장자까지와 가축의 처음 난 것을 다 치시매 (29절)

도입을 위한 글

죄의 해결, 갈보리 죄는 우리에게 해를 끼친다. 우리가 악을 행함으로써 우리는 이미 그런 유의 사람이라는 사실을 표현한 것일 뿐만 아니라, 우리의 본성에 더 깊이 상처를 새기는 것이다. 물론 죄는 그 죄를 행하는 사람 외에 다른 사람에게도 상처를 입힌다. 만약 화가 나서 사람을 죽였다면, 그 사람만 죽인 것이 아니라 과부된 그 부인과 아버지를 잃은 아이들에게도 비극과 고통을 안겨준 것이 된다. 죄는 죄를 범하는 당사자에게만 상처를 국한시키지 않고 연쇄적으로 상처를 준다. 이리하여 죄의 흠집은 사회 전체로 퍼져 나간다. 작은 이기심처럼 보이는 것이 여기저기로 보다 넓은 범위로 퍼져 나갈 때, 그것들은 흩어져서 사라지는 것이 아니라 혼합된다. 착취와 노예제도, 경제적 · 군사적 제국주의, 전쟁, 기아, 빈곤, 비참, 죽음, 고문 등으로 이어진다. 이런 조직을 만들어낸 사람은 바로 여러분과 나와 같은 죄인들이다. 우리는 죄의 문제를 알아야 하고, 하나님은 결코 죄의 문제를 슬쩍 넘어가지 않으신다는 것을 우리는 바로 알아야 한다. 만약 하나님이 그러신다면 하나님의 의는 어디에 있겠는가? 이제 그분이 죄인을 벌주시기만 한다면 그 다음의 결과는 어떻게 되겠는가? 그렇다면 문제는 우리를 어디에서 자유롭게 풀어줄 것인가? 이 모든 질문에 대한 유일한 대답이 있으니 그것이 바로 갈보리이다. – 조셉 R. 쿠크, 「하나님의 은혜를 감당할 자 누구인가」

도입을 위한 질문

❶ 사랑하는 사람들의 죽음의 소식이나 죽음을 본 적이 있습니까? 어떤 느낌이 들었습니까?

❷ 갈보리 십자가의 현장과 유월절 현장의 느낌을 비교해보십시오.

본문 질문

❶ 모세가 이스라엘 모든 장로를 불러서 전한 말은 무엇입니까?(21–22절)

* 우슬초(22절): 박하과에 속하는 키가 작고 보잘 것 없는 식물로(왕상 4:33), 팔레스틴 등지에서 흔히 발견된다. 이것은 잎사귀에 털이 많아 액체가 쉽게 들러붙고, 또한 줄기에 힘이 있어 짧은 막대기로 사용할 수도 있었다.

❷ 여호와께서 보내신 멸하는 자가 문을 넘어가는 증표는 무엇입니까?(23절)

* 멸하는 자(23절): "재앙의 천사"(시 78:49)로도 표현되었다. 즉 "장자를 멸하는"(히 11:28) 죽음의 천사였다.

❸ 유월절 세사에 대해서 정의해보십시오(24–27절).

* 구원하셨느니라(27절): '움켜 빼앗다, 해방하다'라는 뜻의 '나찰'에서 유래한 말로서, 대적의 손아귀에서 강탈하듯이 구출하는 장면을 상기시켜 준다.

❹ 애굽에 내린 마지막 재앙은 무엇입니까?(28–29절)

* 밤중에(29절): 이 밤은 애굽 백성들에게는 죽음과 공포의 밤이요, 이스라엘 백성들에게는 해방과 구원의 여명을 가져다준 밤이었다.

❺ 마지막 재앙이 애굽과 이스라엘 백성들에게 각각 어떤 영향을 끼쳤습니까?(30절)

❻ 재앙이 있던 밤에 바로가 모세와 아론을 불러서 전한 말은 무엇입니까?(31-32절)

* 나를 위하여 축복하라(32절): 여호와의 능력과 모세의 권위 앞에 완전히 압도당한 연약한 인간 바로의 절실한 요청으로서, 다시는 이러한 재앙들이 애굽 땅에 임하지 않도록 여호와께 축복을 빌어달라는 뜻이다.

❼ 이스라엘 백성들이 모세의 말대로 애굽 사람들에게 요구한 것은 무엇입니까?(35-36절)

* 구하매(35절): '빌다'(KJV; borrow)라는 뜻이 아니고, '요구하다'(RSV; ask)의 뜻이다.

더 깊은 연구와 묵상을 위하여

성경이 분명히 말씀하는 것은, 우리가 도덕적으로 부족한 존재로서의 인간이 아니라 하나님 앞에 죄인으로서의 인간이며, 그것은 이 세상의 그 어떤 것으로도 치료할 수 없는 치명적인 것이라는 사실이다. 애굽의 바로와 그 백성을 보라. 그 어떠한 재앙이나 징계, 고통이나 책망도 그들을 돌이키거나 치료할 수 없었다. 성경이 말씀하는 이 점에 있어서 이스라엘 백성들도 예외 없이 똑같다. 그럼에도 한 민족은 자기의 죗값에 따라 하나님의 무서운 심판으로 멸망당하고, 다른 한 민족은 하나님의 놀라운 은혜로 구원받고 해방되었다. 이스라엘 백성들이 똑같이 죄인임에도 하나님의 은혜로 구원받은 이유는 무엇인가? 그것은 오직 하나, 어린 양의 피 때문이다. 모든 애굽 사람이 장자의 죽음으로 슬퍼하고 있을 때 이스라엘 민족은 새 출발에 대한 기대감으로 부풀어 있었다. 종말 때에 모든 사람은 하나님의 심판으로 애곡할 것이다. 그러나 하나님의 백성들은 기쁨의 찬송을 드리게 될 것이다.

❶ 유월절 제사에서 어린 양의 피가 중요한 이유는 무엇입니까?

❷ 애굽인들을 비롯한 고대인들에게 있어서 장자의 중요성에 대해서 설명해보십시오.

적용을 위한 글

제2차 세계 대전 이후 유대인들은 유월절이 되면 꼭 '아니마밈의 노래'를 부른다. 노래 제목인 '아니마밈'은 히브리어로 '나는 믿는다'라는 뜻을 가지고 있다. 이 노래는 본래 혹독한 아우슈비츠 수용소에서 작사, 작곡된 노래였다. "나는 믿는다. 나의 메시아가 나를 돕기 위해서 반드시 나를 찾아오리라는 사실을." 그런데 그들은 자기의 동료들이 비참하게 가스실로 불려나가는 모습을 보면서 다음 절을 이렇게 슬프게 불렀다. "그런데 때때로 그 메시아는 너무 늦게 오신다." 그러나 그 수용소 안에 있던 외과 의사 출신의 한 유대인은 이 노래 부르기를 거절했다. 왜냐하면 그의 마음에는 하나님에 대한 믿음이 있었기 때문이다. "내가 하늘에 올라갈지라도 거기 계시며 음부에 내 자리를 펼지라도 거기 계시나이다. 내가 새벽 날개를 치며 바다 끝에 가서 거할지라도 곧 거기서도 주의 손이 나를 인도하시며 주의 오른손이 나를 붙드시리이다"라는 다윗의 고백이 그의 믿음이었다. 그는 자신의 삶에 대한 하나님의 뜻이 있기에 절대로 죽지 않는다는 확신이 있었다. 그래서 그는 수용소에 갇혀 죽을 수밖에 없고 언제 가스실로 데려갈지 모르는 상황 가운데서도 자신의 추한 모습을 다듬기 시작했다. 다른 동료들은 죽음을 받아들인 듯 체념하고 깊이 잠들어버린 한밤중에도 그는 홀로 일어나 어느 날 우연히 줍게 된 유리 파편 조각 하나를 날카롭게 갈아서 피가 날 정도로 면도를 했다. 그 다음 날 아침, 또 다시 죽음의 사자처럼 나치 군병들이 그들의 방을 찾아온다. 그런데 나치 군병들은 수염하나 없는 창백한 청년의 모습을 보고는 차마 그를 죽음의 가스실로 데려가지 못하고 매번 다른 사람을 데리고 갔다. 왜냐하면 깨끗한 청년의 모습에서 삶의 강렬한 의지가 보여, 죽이기에는 너무 아까웠기 때문이다. 그런데 얼마 지나지 않아 전쟁이 끝나고 그는 적은 수의 생존자들 중에 하나가 되어 풀려나게 되었다. 그는 자신을 향해 활짝 열려 있는 수용소의 문을 빠져 나오면서 아니마밈의 노래를 이렇게 고쳐 불렀다. "나는 믿는다. 나의 메시아가 나를 돕기 위해 반드시 나를 찾아오리라는 사실을. 그런데 사람들은 너무 서두른다. 사람들은 너무 서둘러 믿음을 포기한다." 그 후 그의 일기가 세상에 공개되었는데, 그 일기 속에는 이런 글귀가 적혀 있었다. "고통 속에서 죽음을 택하는 것은 가장 쉽고 가장 나태한 방법이다. 죽음은 이렇게 서두를 것이 못된다. 죽음 앞에서 살아보려는 부활의 의지, 이것이 새로운 창조이다." 전쟁이 끝나고 그는 스웨덴으로 가서 병원을 개업했다. 그리고 해마다 유월절이 되면 친척들을 불러놓고 이 가정만 은 전혀 다른 아니마밈의 노래를 불렀다. 우리의 기도가 응답되지 않고 우리의 삶이 막혀 있을 때 사람들은 하나님을 원망하고 불평한다. 그리고 회의하면서 하나님은 내 삶을 간섭하지 않으시거나 너무 더디 오신다고 결론을 내려버린다. 그러나 이러한 절망의 한복판에서도 우리는 유대인 청년처럼 이렇게 노래할 수 있어야 한다. "오직 여호와를 앙망하는 자는 새 힘을 얻으리니 독수리가 날개치며 올라감 같을 것이요 달음박질하여도 곤비하지 아니하겠고 걸어가도 피곤하지 아니하리로다"(사 40:31).

적용 및 결단을 위한 질문

❶ 하나님을 대적하던 애굽인들은 가장 소중한 장자를 비롯하여 은금 패물까지 이스라엘 백성들에게 내주어야 했습니다. 이것은 성도가 궁극적으로 누릴 믿음의 승리입니다. 믿음의 승리를 위해서 여러분이 지금 해야할 일을 적어 보십시오.

❷ 노예로서 비참한 생활을 하던 이스라엘 백성들의 간구가 마침내 응답되었습니다. 여러분이 오랫동안 기도하고 있던 제목이 있다면, 계속해서 기도하십시오.

16 출애굽

| 본문 출애굽기 12:37-51

| 외울말씀 이스라엘 자손이 라암셋을 떠나서 숙곳에 이르니 유아 외에 보행하는 장정이 육십만 가량이요 (37절)

도입을 위한 글

출애굽기를 보면 반복되는 양식이 있다. 즉 하나님께서 모세를 통하여 명령하시는 내용이 자세하게 나오고, 그 다음에는 그들이 그대로 행한 것에 대하여 다시 자세하게 기록되어 있다. 그래서 같은 내용이 두 번 반복해서 나온다. 나중에 성막을 만드는 경우에는 더욱 그렇다. 즉, 두 번째 기록에서 "처음에 말씀하신 그대로 다 했다"라고 기록하지 않고, 실제로 하나님께서 명령하신 그대로 행했는지 여부를 아주 상세하게, 어떤 의미에서는 지나치다 싶을 정도로 상세하게 기록하고 있다. 우리가 보기에는 쓸데없는 중복 같고 지루하게 느껴질 수도 있지만, 성경은 그것을 생략하지 않았다. 하나님께서 이렇게 하겠다고 말씀하시고 실제로 그대로 되어지는 것까지 기록하고 있다. 또 이렇게 하라고 하셨으면 실제로 그렇게 한 것까지 다 기록하고 있다. 그 이유가 무엇인가? 그것은 하나님 말씀의 목적이 단순히 우리에게 어떤 정보를 알려주는 데만 있지 않기 때문이다. 하나님의 말씀은 반드시 성취되어야 한다. 하나님께서 언제 어떻게 재앙을 내리겠다고 말씀하셨으면 그것이 그대로 이루어진 것을 나타내 보이는 것이 하나님 말씀의 특징이다. 하나님께서 그 백성들에게 이러이러하게 행하라고 명하셨다면 그것은 그들에게 구체적으로 순종되어지고 실천되어져야 하는 말씀이다.

– 김서택, 「광야에서 인도하신 하나님」

도입을 위한 질문

❶ 출애굽 전까지 이스라엘 백성들에게 주신 하나님의 일관된 말씀은 무엇이었습니까?

❷ 여러분이 노예에서 벗어난 이스라엘 백성들이라면 출애굽하는 심정이 어떠했겠습니까?

본문 질문

❶ 이스라엘 백성들이 출애굽 할 때 인원은 대략 얼마 정도였습니까?(37–38절)

* 라암셋(37절): 이스라엘의 고역으로 건축된 도시로 생각되는데(1 : 11), 나일강 동쪽 삼각주에 위치하였다.

❷ 출애굽 할 때 이스라엘 백성들과 함께 했던 "수많은 잡족"은 누구입니까?(38절)

* 수많은 잡족(38절): 이스라엘 민족과 섞여 살던 여러 이방 족속들로, 이들은 나일 강 삼각주 지대에 거주하던 다른 셈족들과 일부 애굽인들로 추정된다.

❸ 이스라엘 백성들이 출애굽 할 때 가지고 나온 양식은 무엇입니까?(39절)

❹ 이스라엘 백성들은 애굽에 거주한 지 몇 년 만에 나온 것입니까?(40-41절)

* 사백삼십 년(40절): 야곱이 그 가족과 함께 가나안에서 애굽으로 이주한 연대(B.C. 1876)에서부터 애굽에서 가나안으로 출애굽한 연대(B.C. 1446)까지의 총 애굽 거주 기간을 가리킨다.

❺ 유월절 규례에 대해서 정리해보십시오(42-47절).

❻ 유월절에 함께 할 수 있는 요건은 무엇입니까?(48-49절)

* 본토인과 같이 될 것(48절): 마치 태어나면서부터 순수한 선민의 혈통인 것 같이 대우받을 것이라는 뜻이다. 이는 할례가 하나님의 백성임을 규정짓는 유일한 관건임을 시사한다.

❼ "바로 그 날"은 언제를 가리킵니까?(50-51절)

더 깊은 연구와 묵상을 위하여

퇴계 이황 선생은 일생 동안 벼슬을 열한 번 했는데, 벼슬을 그만둘 때마다 고향인 퇴계로 돌아가서 살았다. 그래서 아호를 퇴계라 했는데, 그는 늘 고향을 그리워하여 십무실에는 항상 고향의 풍물이 담긴 그림이 걸려 있었다고 한다. 만주에서 온 말은 언제나 북쪽 바람을 향해 서고, 남쪽에서 온 새는 나무에 앉아도 남쪽으로 향한 가지에 앉는다고 한다. 사람은 누구나 태어난 고향이 있고, 언제 어디서나 고향을 잊지 못한다. 흔히 작가는 일생에 한 번쯤 자신의 고향을 소재로 글을 쓴다고 한다. 동물이나 작은 곤충도 떠나온 자기의 본거지를 잊지 않고 돌아가려는 귀소본능이 있다. 고향을 떠나 먼 밧단 아람에서 머슴살이를 하던 야곱은 주인 라반에게 고향에 다시 돌아가게 해 달라고 간곡히 애원한다. 인간은 누구나 땅 위에 고향이 있듯 장차 돌아갈 하늘나라가 있다. 성경은 하늘나라를 본향이라 말씀한다. 인간은 이 땅에서 누구나 외국인이요, 나그네에 불과하다. 솔로몬은 본향을 떠나 유리하는 사람은 떠도는 새와 같다고 했다. 우리가 바라는 참 평안과 영원한 안식은 저 본향에만 있다. 나그네가 고향을 그리워하듯 우리 인생은 영혼의 고향인 본향을 사모한다. 우리에게는 본향이 있기에 소망이 있다. 본향을 향해 걸어가는 길은 힘들고 외롭지만, 한편 위로와 기쁨이 있다. 본향에 대한 믿음과 소망이 있는 사람은 복 있는 사람이다.

❶ 출애굽한 이스라엘 백성들이 가야할 가나안은 성도들에게 궁극적으로 어디를 가리킵니까?

❷ 출애굽은 기쁨과 환희의 순간임과 동시에 또 다른 연단과 고난의 시작이었습니다. 이와 같은 여정을 시작하는 이스라엘 백성들에게 필요한 것은 무엇입니까?

적용을 위한 글

용기는 위험을 수반한다. 오토바이를 타고 그랜드 캐년에서 뛰어내리는 행위, 작은 원통 배를 타고 나이아가라 폭포를 건너는 행위, 뉴욕의 세계 무역 센터(World Trade Center) 건물 양쪽에 매어놓은 줄 위로 걷는 행위, 또는 노 젓는 배를 타고 망망대해를 건너겠다고 나서는 행위는 모두 용기있는 행위들이다. 사람들이 이런 일들을 위해 자기 생명을 위태롭게 하기 때문이다. 그러나 이러한 무모한 행동들은 그 어느 것도 우리 인간의 중심부에서 우러나온 것이 아니다. 이러한 행동은 모두 우리의 신체적 한계를 시험하기 위해, 그렇게 함으로써 유명해지고 인기를 얻으려는 욕망에서 나온 것이다. 영적인 용기는 이러한 것과는 완전히 다른 것이다. 그것은 명성과 인기를 잃어버릴 위험을 무릅쓰고 우리의 마음 한가운데서 솟아나오는 소망을 좇아 행하는 것이다. 영적인 용기는 영원한 생명을 얻기 위하여 현세의 생명이라도 버릴 마음가짐을 가져야 하는 것이다. – 헨리 나우웬, 「영혼의 양식」

적용 및 결단을 위한 질문

❶ 종착지는 확실하지만 그 여정이 어떠할지 모르는 이스라엘 백성들에게 영적인 용기가 필요했습니다. 마찬가지로, 여러분이 가야할 믿음의 여정에 필요한 것은 영적인 용기입니다. 영적인 용기를 북돋기 위해서 여러분이 할 수 있는 것은 무엇입니까?

❷ 믿음의 여정을 시작하는 새가족을 위해서 기도해주십시오. 또한 영적인 시험에 빠진 사람들을 위해서도 기도해주십시오.

17 구름, 불 기둥

본문 출애굽기 13:1-22

외울말씀 낮에는 구름 기둥, 밤에는 불 기둥이 백성 앞에서 떠나지 아니하니라 (22절)

도입을 위한 글

여행을 해보면 가이드의 중요성을 알게 된다. 좋은 가이드를 만나면 여행하는 동안 내내 즐겁고 유익한 정보도 많이 얻게 된다. 인생도 가이드가 필요한 여행이다. 애굽에서 가나안까지 이스라엘을 인도하신 하나님은 인생 최고의 가이드다. 먼저 하나님은 이스라엘이 출애굽 할 때 요셉의 유골을 취하도록 하셨다. 요셉은 꿈의 사람이다. 하나님은 가나안에 대한 꿈을 갖고 출발하도록 하셨다. 그리고 빠른 길보다 바른 길로 인도하셨다. 블레셋과의 전쟁을 피해 우회하도록 하신 것이다. 사람은 지름길을 찾지만, 하나님은 바른 길로 인도하신다. 그 다음엔 이스라엘 백성들 앞에서 구름 기둥과 불 기둥으로 인도하셨다. 가이드이신 하나님이 우리보다 앞서야 한다. 가이드보다 앞서면 길을 잃어버린다. 마지막으로, 하나님은 끝까지 인도하셨다. 부족한 이스라엘 백성들을 가나안까지 인도하셨다. 예수님도 내가 세상 끝 날까지 너희와 항상 함께하겠다고 하셨다. 이렇게 멋진 가이드는 세상에 하나님 한 분뿐이다.

– 국민일보, 「겨자씨」

도입을 위한 질문

❶ 거룩한 삶을 위해서 지금 여러분이 하고 있는 것은 무엇입니까?

❷ 하나님이 여러분을 인도하신다는 것을 언제 느낍니까?

본문 질문

❶ 하나님이 출애굽한 이스라엘 백성들에게 요구하신 것은 무엇입니까?(1-2절)

* 거룩히 구별하여(2절): 기본 동사 '카다쉬'는 오직 하나님만을 위하여 특별히 따로 떼어 구분해 놓는 것'을 뜻하는 신적 용어이다.

❷ '여호와의 절기'란 어떤 날인지 구체적으로 설명해보십시오(3-6절).

* 유교병을 먹지 말라(3절): 죄의 상징인 누룩이 든 '유교병'은 부패한 옛 생활을 상징한다.

❸ "네 땅에서 누룩을 네게 보이지 아니하게 하라"고 말씀하신 의미는 무엇입니까?(7절)

❹ 구별하여 하나님께 드려야 할 것은 무엇입니까?(12절)

❺ 하나님이 이스라엘 백성들을 블레셋 길로 인도하지 않은 이유는 무엇입니까?(17절)

* 블레셋 사람의 땅의 길(17절): 애굽에서 가나안으로 가는 지름길은 블레셋의 해안도시 가사(Gaza)를 통하는 지중해안의 길이었다.

❻ 이스라엘 백성들이 출애굽하면서 요셉의 유골을 가지고 나온 이유는 무엇입니까?(19절)

* 약 350년 전 요셉이 일찍이 아브라함에게 약속되었던(창 15:13-16) 출애굽과 가나안 회복을 굳게 믿고 임종시 후손들에게 부탁했던 요셉의 유언이다(창 50:25).

❼ 하나님은 이스라엘 백성들을 어떻게 인도하셨습니까?(21-22절)

* 구름 기둥, 불 기둥(21절): 서로 다른 별개의 두 기둥이 아니라 한 기둥이 이중적인 현상으로 나타난 것이다(14:24). 그리고 이것은 하나님께서 백성들을 친히 인도하시고 보호하신다는 사실을 구체적으로 보여주고 있는 신적 임재의 상징이다.

더 깊은 연구와 묵상을 위하여

인생의 갈림길에 서있을 때 하나님은 주변의 지혜로운 사람들을 통해서 갈 길을 인도해주신다. 그런 사람들을 '멘토'라고 말한다. 섬유수출업을 하는 중소기업을 운영하던 한 성노가 IMF가 터졌을 딩시 부도로 회사를 정리하게 되었다. 그의 곁에는 아무것도 남아있지 않았다. 영원하자던 사업파트너도, 명예도, 신용도, 집도 없어지고 심지어 문제를 상의할 친구도 모두 등을 돌리고 말았다. 모든 것을 체념하고 나망에 빠져 있을 때 하나님이 명료한 해답으로 인도해주셨다. 그것은 바로 "아직 나에게는 사랑하는 가족이 있고 믿음으로 기도해주는 교우들이 있으며 가장 든든한 구원자이신 하나님이 계시다"라는 해답이었다. 그 후, 하나님은 교회의 사랑하는 성도들을 통하여 같이 사업을 의논하게 하시고 간절히 기도하게 하셨다. 그는 고백한다. "하나님의 사랑과 역사가 이런 모든 멘토들과 함께 하지 않았다면 낙담하여 폐인이 되었을 것입니다. 동전 한닢 없던 저에게 하나님께서는 새로운 사업장을 허락하셔서 이제 새 일을 시작하게 되었습니다. 지금 저에게는 금전도, 건강도, 친구도 중요한 것이 아닙니다. 자만과 허영으로 가득 찬 지난 날을 뉘우칠 때 하나님께서는 사람을 통하여 인도해주셨습니다." 하나님은 당신 주변에 많은 구름 기둥과 불 기둥의 멘토들을 세워놓고 있으신다. 주위 성도들의 얼굴을 자세히 보라. 그들이 여러분에게 소중한 구름 기둥이 되어 줄 것이다. 가족의 얼굴을 살펴보라. 그들이 여러분 인생에 소중한 불 기둥이 되어 줄 것이다. 하나님은 우리의 교회 안에, 우리가 속한 사회 안에 많은 구름 기둥과 불 기둥의 멘토들을 이미 세워놓고 여러분을 인도하고 계신다. 이제 믿음의 눈을 크게 뜨고 여러분의 멘토를 찾기 바란다.

– 조동천, 「우리 동네 가나안 이야기」

❶ 하나님이 이스라엘 백성들에게 무교절을 재차 강조하신 이유는 무엇입니까?

❷ 여러분을 인도하는 구름 기둥과 불 기둥은 무엇입니까?

적용을 위한 글

사람마다 승리의 길, 행복의 길을 찾는다. 가능한 빠른 길로 가려고 한다. 그러나 하나님은 바른 길로 인도한다. 이스라엘 백성들이 젖과 꿀이 흐르는 약속의 땅으로 갈 때에 블레셋 사람의 땅을 지나는 길은 가까울지라도 하나님이 그들을 그 길로 인도하지 아니하셨으니 백성들이 전쟁을 보면 뉘우쳐 애굽으로 돌아갈까 하셨다. 그러나 하나님은 그들 앞에 행하시되 낮에는 구름 기둥으로 밤에는 불 기둥으로 그들에게 비추사 주야로 진행하게 하여 그들을 떠나지 아니하셨다. 하나님의 백성들이 가는 길을 하나님께서 친히 인도하신다. 그러면 하나님이 자기 백성들의 길을 인도하시는 일이 주는 교훈은 무엇인가? 첫째, 하나님이 자기 백성들을 인도하시는 길의 목적지는 천국이다. 출애굽한 이스라엘 백성들에게 약속한 젖과 꿀이 흐르는 가나안 땅은 오늘날 성도들에게 있어서는 천국의 모형이다. 우리를 향한 하나님의 생각은 평안이요, 장래에 대한 소망을 주려는 것이다(렘 29:11). 하나님은 그의 자녀 된 성도들이 영혼도, 범사도 잘 되고 강건하기를 원하시며 하나님 나라에 들어갈 때까지 온 영과 혼과 몸이 온전히 보전되기를 원하시니 우리를 진정 사랑하심을 알 수 있다. 나그네 인생길에 완전한 안내자와 보호자는 전능하신 하나님이다. 하나님의 인도를 받아야 실족하지 않고 승리하며 영생에 들어갈 수 있다. 둘째, 하나님은 빠른 길보다는 안전한 길로 인도한다. 애굽에서 가나안 땅까지 10일이면 가는 길이 있었다. 지중해 해안길이다. 그 길은 군사도로로서 해적 출신인 블레셋 군대가 있는 길이다. 그들은 싸움에 능한 자들이기 때문에 전쟁에 익숙지 못한 이스라엘 백성들이 그들과 싸울 경우 피해가 클 수밖에 없다. 그래서 하나님은 그들의 발걸음을 돌려 광야길로 인도하셨다. 빠른 길보다 안전한 길로 인도하신 것이다. 하나님은 그들을 겸손하고 하나님 섬기는데 익숙한 자들이 되도록 40년 동안 광야 길을 걷게 하신 것이다(신 8:2-4). 셋째, 하나님이 인도하는 길을 걷는 자는 항오를 지어 전진해야 한다. 이스라엘 백성들이 애굽 땅에서 항오를 지어 나왔다. 항오란 군대를 편성한 행렬을 의미한다. 우리가 질서를 지킬 때 하나님의 온전한 인도가 있다. 앞장서야 할 제사장과 그 뒤를 따르는 백성들, 그 위에 하나님의 구름 기둥과 불 기둥의 인도가 있었다. 앞서가는 목회자, 그 뒤를 따르며 순종하는 성도들, 거기에 하나님의 인도가 있어 젖과 꿀이 흐르는 곳에 이르게 되는 것이다.

– 최낙중, 「하나님의 인도하심」

적용 및 결단을 위한 질문

❶ 유교병의 누룩과 같이 여러분 안에 싹트고 있는 죄의 근성들을 고백해보십시오.

❷ 여러분 삶의 구름 기둥과 불 기둥은 하나님의 말씀입니다. 하나님의 말씀을 매일 묵상하고, 그 은혜를 서로 나눠보십시오.

18 바로의 추격

본문 출애굽기 14:1-14

외울말씀 내가 바로의 마음을 완악하게 한즉 바로가 그들의 뒤를 따르리니 내가 그와 그의 온 군대로 말미암아 영광을 얻어 애굽 사람들이 나를 여호와인 줄 알게 하리라 하시매 무리가 그대로 행하니라 (4절)

도입을 위한 글

죄에 대한 자각이 생기고 눈이 열렸을 때에야 비로소 자기의 죄를 두려워하고 그것을 피해 그리스도께 나아가며 그분을 전능하신 구원자로 받아들이는 법을 배우게 된다. 이러한 자각이 있은 후에도 신자는 자기의 구체적인 죄를 자각해야 한다. 불신자는 보통 외형적인 죄에 대해서만 생각한다. "나는 남에게 욕을 하고 거짓말을 했다. 따라서 나는 지옥행이다." 그러나 신자의 상태는 이와 아주 다르다. 왜냐하면 그는 하나님께로부터 빛과 사랑과 그분의 영을 받았기 때문이다. 신자가 성령님의 역사하심으로 이를 자각하게 되었을 때, 바로 그의 불신의 삶이 그를 정죄하게 된다. 그리고 이렇게 부르짖기 시작한다. "화로다. 내가 망하게 되었구나. 나는 지금까지 하나님의 말씀을 계속 들어왔고, 그분에 관한 많은 지식을 알고 있으며, 그분에 대해 설교해왔다. 그러나 이제서야 나는 내 눈으로 그분의 얼굴을 뵙는구나!" 이제 하나님께서 그에게 가까이 오신다. 우리가 각기 신자로서 자신이 처해 있는 그릇된 육신적 상태를 올바로 자각할 때까지, 그리고 하나님께서 우리에게 이러한 깨달음을 주시기를 바라고 하나님 앞에서 겸손하며 각성하기 위해 기꺼이 시간을 낼 때까지 우리는 결코 신령한 사람이 될 수 없을 것이다.

– 앤드류 머레이, 「나를 허물고 주님을 세우는 삶」

도입을 위한 질문

❶ 인간이 자신의 죄에 대한 진정한 자각이 없을 때 어떤 문제가 생깁니까?

❷ 여러분이 마지막으로 회개한 것이 언제입니까?

본문 질문

❶ 여호와께서 모세에게 명령하신 것은 무엇입니까?(1-2절)

* 여호와께서 모세에게 말씀하여 이르시되(1절): 6장 이후 본장에 이르기까지 모든 장은 '하나님이…말씀하셨다'라는 문장으로 서두를 장식하고 있다. 이는 출애굽이 철저히 하나님의 말씀에 근거하고 있음을 보여준다.

❷ 이스라엘 백성들에 대한 바로의 생각은 어떠했습니까?(3절)

❸ 하나님이 바로의 마음을 다시 완악하게 하신 이유는 무엇입니까?(4절)

* 바로의 마음을 완악하게 한즉(4절): 이 말은 원래부터 선한 바로의 마음을 고의로 악하게 만드셨다는 뜻이 아니라, 스스로 강퍅해지는 그의 마음을 방임하사 멸망으로 치닫는 그의 고집을 꺾지 않으셨다는 뜻이다.

❹ 바로와 그의 신하들은 마음이 어떻게 변하여, 어떤 조치를 취합니까?(5-9절)

* 담대히(8절): 문자적 의미는 '높은 손으로'인데, 이는 이스라엘 백성들이 이적을 베푸시는 '여호와의 손'을 따라 출애굽 했음을 뜻한다(사 26:11).

❺ 바로의 추격을 알게 된 이스라엘 백성들은 어떤 반응을 보입니까?(10-12절)

* 심히(10절): 문자적으로 '열렬한, 더이상 비교할 것이 없을 정도로 큰'이란 뜻이다.

❻ 모세가 이스라엘 백성들에게 전한 말을 정리해보십시오(13-14절).

* 가만히 서서(13절): 문자적으로 '너희 자리를 지키라, 그 자리에 꿋꿋이 서 있으라'는 뜻으로, 비록 현 상황이 절박하다 하더라도 다급해하거나 결코 좌절하지 말고 조용히 그 상황을 맞이하라는 명령이다.

더 깊은 연구와 묵상을 위하여

많은 그리스도인들은 두려움이 찾아오면 그 두려움을 말로 표현한다. 만약 여러분에게 불가능하게 보이는 큰 일이 찾아온다면 어떻게 말하겠는가? 이스라엘 백성들이 세상을 상징하는 애굽을 탈출하여 젖과 꿀이 흐르는 가나안 땅을 향하여 광야를 통과하는 것은 흔히 우리 그리스도인의 삶으로 비유된다. 이스라엘 백성들도 가나안 땅까지 가는 여정에서 불가능하게 보이는 여러 가지 큰일을 만나게 되었다. 제일 먼저 만난 사건은 홍해 사건이다. 앞은 바다요 뒤는 애굽의 바로 군대가 따라오고 있었다. 앞으로도 갈 수 없고 뒤로도 갈 수 없어 어찌할 바를 알지 못했다. 출애굽기 14:10–12을 읽어보면, 그들은 불가능을 만나자 심히 두려워하여 모세에게 이렇게 말한다. "애굽에 매장지가 없어서 우리를 애굽에서 이끌어내어 이 광야에서 죽게 하느냐 우리를 그냥 내버려두라고 말하지 않았느냐 애굽 사람을 섬기는 것이 광야에서 죽는 것보다는 낫다." 그러나 믿음의 사람 모세는 어떻게 말했는가? 그는 불가능이라는 절망을 버리고 가능이라는 소망을 말한다. 출애굽기 14:13–14을 보라. "너희는 두려워 말라. 가만히 서 있으면 된다. 하나님이 우리를 어떻게 구원하시는지 지켜보라. 너희가 두려워하는 애굽 사람을 다시는 보지 못할 것이다. 바로 하나님이 너희를 위해서 싸우신다." 결과는 어떻게 되었는가? 하나님이 모든 것을 다 해결해주셨다. 구름 기둥과 흑암으로 애굽 사람이 가까이 하지 못하게 만들고, 큰 동풍으로 바닷물을 밤새도록 물러가게 하여 그들을 구원하셨다. 그러므로 불가능하게 보이는 큰일을 만나면 믿음으로 하나님을 바라보아야 한다. – 김만홍, 「놀라운 천국의 언어」

❶ 하나님이 이스라엘 백성들을 바알스본 맞은편 바하히롯 곁 해변에 장막을 치게 하신 이유는 무엇입니까?

❷ 하나님의 기적으로 출애굽한 이스라엘 백성들이었지만, 바로의 추격에 그들은 하나님을 원망하였습니다. 그 원인이 무엇이라고 생각합니까?

적용을 위한 글

「지구별 여행자」라는 책에는 라자 고팔란이란 사람이 식당을 경영하는 이야기가 나온다. 자신의 식당에 들어온 손님이 음식 맛이 짜다고 투정하자 식당 주인 고팔란은 말한다. "음식에 소금을 집어넣으면 간이 맞아 맛있게 먹을 수 있지만 소금에 음식을 넣으면 도저히 먹을 수가 없소. 인간의 욕망도 마찬가지요. 삶 속에 욕망을 넣어야지 욕망 속에 삶을 집어넣으면 안 되는 법이요." 욕망은 사람을 향상시킨다. 욕망은 과학을 성장하게 만들고, 보다 나은 삶을 살게 하고, 지식을 발달하게 만든다. 그러나 사람이 욕망만 가지고 살고 욕망의 지배를 받으면, 그 과학과 지식과 삶이 인생을 비참하게 만든다. 그리스도인의 삶은 마음과 눈에 이끌리는 삶이 아니라 영에 이끌리는 삶이어야 한다. 욕망에 이끌리는 삶이 아니라 거룩한 소망에 이끌리는 삶이 되어야 한다. 욕망에 이끌렸던 바로의 종말은 어떻게 되었는가? 그가 철석 같이 믿고 있던 최강의 군대와 함께 수장당했다.

적용 및 결단을 위한 질문

❶ 이스라엘 백성들은 전능하신 하나님을 바라보지 않고, 당장 눈에 보이는 바로의 군대를 보았습니다. 바로의 군대처럼 지금 여러분을 추격하여 두렵게 만드는 것들은 무엇입니까?

❷ "여호와께서 너희를 위하여 싸우시리니 너희는 가만히 있을지니라"(14절)는 말씀이 여러분에게 주는 은혜를 나눈 뒤, 서로의 믿음의 여정을 위해서 기도해주십시오.

19 홍해 도하

본문 출애굽기 14:15-31

외울말씀 모세가 바다 위로 손을 내밀매 여호와께서 큰 동풍이 밤새도록 바닷물을 물러가게 하시니 물이 갈라져 바다가 마른 땅이 된지라 (21절)

도입을 위한 글

평소의 노력, 평소의 습관, 평소의 연습, 평소의 훈련이 얼마나 귀중한지 알고 있는가? 평소에 훈련된 삶이 갑작스럽게 닥친 위기의 때를 슬기롭게 극복할 수 있게 한다. 회사, 학교, 학원에서만이 아니라 집안에서 평소에 조금씩 노력하는 일을 과소평가하지 말라. 위기의 때에 요긴하게 쓰일 수 있다. 평소에 자신을 부단히 훈련시켜야 한다. 평소 심령 속에 저장해 둔 말씀이 환난의 때에 엄청난 능력이 된다. 평소에 기도로 저장해 둔 것들이 맡겨진 사역을 더욱 능력 있게 감당하도록 돕는다. 평소에 쌓아 놓은 힘이 어려움을 당하는 위기의 때에 탁월한 힘을 발휘한다는 사실을 잊지 말라.

– 홍일권, 「나의 소중함을 일깨우는 141가지 지혜」

도입을 위한 질문

❶ 능력 있는 그리스도인이 되기 위해서 현재 여러분이 하고 있는 일은 무엇입니까?

❷ 신앙의 위기가 닥쳐왔을 때 여러분이 가장 먼저 하는 것은 무엇입니까?

본문 질문

❶ 위기의 순간에 하나님이 모세에게 명령하신 것은 무엇입니까?(15–16절)

* 앞으로 나아가게(15절): '장막 말뚝을 뽑아 챙긴 후 곧장 전진해 가다'라는 뜻이다.

❷ 하나님은 어떤 방법으로 영광을 얻겠다고 말씀합니까?(17–18절)

❸ 이스라엘 진 앞에 가던 하나님의 사자가 이스라엘을 보호하기 위해서 어떻게 하였습니까?(19–20절)

* 하나님의 사자(19절): 구약에서 '여호와의 사자' 혹은 '하나님의 사자'란 말은 대체적으로 일반 천사를 가리키는 말이 아닌 제 2위의 하나님(32), 즉 성육신 이전의 그리스도를 지칭한다.

❹ 모세가 바다 위로 손을 내밀자 어떤 일이 일어났습니까?(21-22절)

* 큰 동풍(21절): 70인역(LXX)에는 '큰 남풍'으로 보고 있으나, 히브리 원문에는 '루아흐 카딤 아즈' 곧 '맹렬한(강한) 동풍'으로 분명히 기록하였다.

❺ 바로의 군대가 홍해를 건너고 있을 때 여호와께서 무엇을 행하셨습니까?(23-25절)

* 새벽(24절): 구약 시대의 히브리식 시간 계산법에 의하면 새벽이란 삼경에 해당되는 시간으로서, 오늘날의 오전 2시에서 동틀 무렵까지를 말한다

❻ 모세가 바다를 향해 다시 손을 내밀자 어떻게 되었습니까?(26-29절)

* 홍해 사건 후 애굽 멤피스(Memphis)의 제사장들이 모세를 가리켜 '그는 간조(干潮)와 만조(滿潮)에 대하여 능통한 자'라 했다고 한다(Eusebius, preparatio evabgelica).

❼ "여호와께서 애굽 사람들에게 행하신 그 큰 능력"(31절)은 무엇입니까?(30절)

더 깊은 연구와 묵상을 위하여

하나님은 여러분 편이시다. "그럴지도 모른다"도 아니다. "한때 그랬었다"도 아니다. "여태 그랬다"도 아니다. "앞으로 그럴 것이다"도 아니다. 하나님은 지금 계신다! 오늘, 이 시간, 이 순간, 여러분이 이 문장을 읽는 이 순간, 그분은 여러분과 함께 계신다. 그분은 지금 이 순간보다 여러분에게 더 가까우실 수 없다. 그분의 신실함은 여러분이 잘한다고 커지는 것도 아니요 여러분이 못한다고 줄어드는 것도 아니다. 그분은 '여러분 편'이시다. 하나님은 '여러분 편'이시다. 멀리 결승선을 내다 보라. 하나님이 여러분의 경주를 응원하고 계신다. 하나님이 여러분의 걸음걸음에 박수를 보내고 계신다. 관람석에서 여러분의 이름을 외치고 계신 그분의 음성을 들어보라. 너무 지쳐 계속 뛰기 힘든가? 그분이 붙들어주실 것이다. 너무 낙심돼 싸우기 어려운가? 그분이 일으켜 세워주실 것이다. 하나님은 '여러분 편'이시다. 하나님은 '여러분 편'이시다. 그분께 달력이 있다면 여러분의 생일에 동그라미가 쳐져 있을 것이다. 그분이 차를 운전한다면 범퍼에 여러분의 이름이 붙어 있을 것이다. 천국에 나무가 있다면 나무껍질에 여러분의 이름을 새기셨을 것이다. 우리는 그분께 문신이 있음을 안다. 문신의 글귀도 안다. "내가 너를 내 손바닥에 새겼고"(사 49:16). 미래가 막막하거든 여러분을 돌보는 목자 '여호와 라아'께 가라. 공급이 불안하거든 필요를 채우시는 주님 '여호와 이레'께 아뢰라. 문제가 너무 큰가? 평안이신 주님 '여호와 살롬'의 도움을 구하라. 몸이 아픈가? 마음이 약한가? 여러분을 치유하시는 주님 '여호와 라파'가 곧 여러분을 맡으실 것이다. 적진에 갇혀 오도가도 못하게 된 군인 신세 같은가? 승리의 깃발 되신 주님 '여호와 닛시'께 피하라.

– 맥스 루카도, 「승리의 깃발」

❶ 홍해를 건넌 이스라엘 백성들은 기적의 주인공이었습니다. 이들이 기적의 주인공이 될 수 있었던 이유는 무엇입니까?

❷ 모세가 홍해를 향해 손을 내민 것이 무엇을 상징하는지 설명해보십시오.

적용을 위한 글

하나님의 마음은 우리의 마음보다 크다. 사람이 할 수 없는 일을 하나님은 하신다. 하나님은 사랑이시고, 우리는 그 사랑을 받는다. 하나님은 은혜이시고, 우리는 그 은혜를 받는다. 하나님은 건강이시고, 우리는 그 건강을 받아 누린다. 하나님은 부요이시고, 우리는 그것을 받아 소유한다. 하나님은 도처에 불타오르듯이 지금도 우리 가운데서 영원한 사랑과 능력과 생명의 역사를 나타내고 계신다. 하나님의 마음은 생명과 건강과 평안과 질서와 아름다움과 부요함이다. 그리고 그 마음으로 세계를 지으셨다. 그러므로 하나님의 형상을 따라 지은 바 된 우리는 하나님의 마음을 갖게 되었다. 그러나 사탄의 유혹을 받아 하나님 앞에서 정사와 선악을 따지고 이론을 제기했던 인간은 하나님 앞에서 쫓겨나 그 영이 죽임을 당하고 이제는 병적이고 패배적인 사람의 마음을 받아 운명적으로 도적질하고 죽이고 파괴하고 멸망시키는 일밖에 할 수 없게 되었다. 때문에 하나님은 예수님을 이 세상에 보내어 "회개하라"고 외치게 하신 것이다. 이 말은 헬라 원어로 '메타노이아' 즉, '생각을 바꾸라'는 말이다. 마귀에게서 받은 파괴적인 생각을 바꾸어 하나님의 생각에 접붙이라는 말씀이다. 천국은 손닿는 곳에 와 있으니 마음을 바꾸어 하나님의 마음을 소유하라는 뜻이다. 그러면 어떻게 함으로 우리의 생각을 하나님의 생각에 접붙일 수 있는가? 첫째, 기도를 통해 가능하다. 모세가 이스라엘 백성들을 애굽에서 이끌어 홍해에 왔을 때 애굽 군대들이 쫓아오고 있었다. 그때 모세가 하나님 앞에서 기도하자 음성이 들려왔다. "이스라엘 자손에게 명령하여 앞으로 나아가게 하고 지팡이를 들고 손을 바다 위로 내밀어 그것이 갈라지게 하라"(출 14:15-16). 모세가 기도를 통하여 하나님의 생각에 접붙이고, 그 말씀을 따라 행할 때에 홍해가 갈라지는 기적이 임했다. 마음을 접붙이는 둘째 요소가 바로 말씀이다. 성경 말씀을 통하여 우리는 하나님의 마음과 생각을 받아들일 수 있다. 하나님의 말씀이 곧 하나님의 마음이기 때문이다. 그러므로 우리가 기도와 말씀으로 우리 마음을 하나님의 마음에 접붙일 때, 하나님의 권세와 능력을 받아 승리의 삶을 살 수 있다.

적용 및 결단을 위한 질문

❶ 세계 최강을 자랑하던 바로의 군대는 하나님의 능력 앞에 몰살당했습니다. 홍해 도하의 주인공이 되기 위해서 여러분에게 필요한 것이 무엇인지 적어보십시오.

❷ 하나님의 능력은 무한합니다. 무한하신 하나님의 능력을 찬송하며, 그분께 여러분의 모든 것을 맡기는 기도하십시오.

20 마라의 쓴 물

| **본문** 출애굽기 15:1-27
| **외울말씀** 마라에 이르렀더니 그 곳 물이 써서 마시지 못하겠으므로 그 이름을 마라라 하였더라 (23절)

도입을 위한 글

여인들이 노래를 부른다. 어머니가 자식을 사랑하는 것은 세상에서 가장 순수하고 또 강한 감정이다. 비참하게 죽을 상황에서 자식들이 구원을 받았다. 아이들을 끌어안고 우는 여인들, 감격의 눈물을 흘리며 환한 얼굴로 서로를 얼싸안는다. 모세의 누이 미리암이 소고를 잡고 나가서 춤을 추니 곧 다른 여인들이 함께 한다. 미리암의 노래는 구약성경에서 가장 오래 된 부분으로 생각되는 말씀이다. 미리암은 하나님의 구원의 행동을 찬양하고 있다. 하나님의 개입과 행동이 없었다면, 모든 상황은 경험과 상식대로 진행되었을 것이다. 모세를 중심으로 한 이스라엘 백성들이 바로와 맞서는 것은 달걀로 바위를 치는 격이다. 맨 땅에 머리를 박는 일이다. 결과는 뻔할 수밖에 없다. 다음과 같은 뉴스거리 정도로 진행되었을 것이다. "열광적인 민족주의자 모세란 사람이 자기를 따르는 사람을 데리고 애굽 탈출을 시도했습니다. 그러나 급히 출동한 바로의 특별 전차군단과 기병의 추격으로 홍해 부근에서 많은 사람이 처참하게 살육되고 일부는 체포되어 특별 감옥에 수감되었습니다. 탈출을 시도한 히브리 족속은 노예로 일하는 애굽의 하층 계급입니다." 그러나 하나님이 개입하시자 상황은 뒤집어진다. 승자와 패자가 바뀐다. 죽을 사람과 살 사람이 바뀐다. 하나님의 행동 개시 때문에 이스라엘은 누가 봐도 뻔하게 죽을 상황 속에서 살아났다. 미리암은 바로 그런 하나님의 개입을 찬양하고 있다. – 21세기 인터넷 선교방송, 「매일 큐티」

도입을 위한 질문

❶ 요즘 여러분에게 은혜가 되는 찬양이 있습니까? 그 이유를 나눠보십시오.

❷ 여러분은 절체절명의 위기에서 벗어났을 때 가장 먼저 무엇을 할 것 같습니까?

본문 질문

❶ "말과 그 탄 자"는 누구를 의미합니까?(1절)

* 높고(1절): 히브리어 '가아'는 '장엄하다', '영광스럽다'라는 뜻으로 원문에는 두 번 반복하여 사용되는데, 이는 하나님의 영광을 강조하는 것이다.

❷ 구원자 하나님을 향한 찬양의 내용을 적어보십시오(2-3절).

* 용사(3절): 보편적으로 '전쟁에 능한 분'(시 24:8)임을 의미한다.

❸ 주의 권능이 어떻게 나타났습니까?(4–6절)

* 던지시니(4절): 히브리어 '야라'는 '창을 던지거나 화살을 쏘듯이 세게 내던지는 것'을 뜻한다.

❹ "주의 큰 위엄"의 내용은 구체적으로 어떻게 드러났습니까?(7–12절)

* 위엄(7절): '두려워할 만한, 두려운, 무서움에 떨게 하는'이란 뜻을 지닌다.
* 주의 콧김(8절): 문자적으로는 '분노에 찬 주의 바람'이다. 이는 하나님의 능력에 의해 조성된 큰 동풍(14:21)을 시적으로 묘사한 표현이다.

❺ "주의 거룩한 처소"는 구체적으로 어디를 가리킵니까?(13절)

❻ 이스라엘 백성들이 수르 광야의 마라에 도착했을 때 어떤 일이 있었습니까?(22–24절)

* 수르 광야(22절): '술(Shur) 광야'로 불리며(창 16:7, 20:1, 25:18; 삼상 15:7, 27:8), 때로 '에담 광야'로 표기되기도 하였다(민 33:8). 애굽의 동편 국경 지역의 광야를 가리킨다.

❼ 마라에서 하나님이 이스라엘 백성들을 위하여 정하신 법도와 율례는 무엇입니까?(25-26절)

* 법도와 율례(25절): 아직 성문화된 율법을 가리키는 말이 아니다. 단지 각 상황 속에서 하나님이 명하시는 준수 사항, 즉 따라야 할 말씀들을 의미한다.

더 깊은 연구와 묵상을 위하여

투덜대는 것은 어려운 상황이나 곤란한 사람에 대해 부정적인 태도를 갖는 비판적 불평이다. 그것은 자신 앞에서 느리게 진행하는 운전자에 대한 불평으로부터 하나님이 우리의 삶 속에 허락하신 일들에 대한 불평에 이르기까지 계속적으로 이어지는 성향을 가지고 있다. 이러한 불평은 하나님의 뜻에 대한 직접적인 위반이기도 하다. 내가 만났던 한 사람은 하나님의 사업이나 하나님이 쓰시는 지도자, 또는 하나님의 사람들에 대한 불평이 하나님의 가치기준과 계획, 그리고 하나님이 지으신 사람들에 대한 직접적인 반영이라는 것을 현명하게 알고 있었다. 한번 생각해보라! 어떤 아이가 그들 부모의 끊임없는 불평의 대상인 조직체와 사람들에게 자신의 삶을 헌신하고 싶겠는가? 현명한 부모는 자녀들에게 사랑의 원리와 우리 주위의 불완전한 일들을 위해 기도하는 것을 가르친다. 불평은 항상 믿음 없는 가운데 행해지는 일로서 하나님 안에 있는 우리의 잠재적 능력을 잃어버리게 만든다. 불평은 하나님께서 어떠한 환경이라도 다스리실 수 있다는 것을 믿지 않으려는 태도이다. 그러한 태도는 하나님이 우리의 삶 속에서 언제나 최상의 일을 하신다는 것과 하나님께서 자신의 영광을 나타내기 위해 부정적 환경도 사용하실 수 있다는 것을 인정하지 않는 태도이다. - 소셉 스도웰, 「혀를 다스리는 지혜」

❶ 하나님을 찬양하던 이스라엘 백성들은 마라에서 어려움을 당하자 금방 원망을 합니다. 이스라엘 백성들의 문제는 무엇입니까?

❷ "엘림"(27절)은 어떤 곳이며, 그곳이 오늘날 여러분에게 주는 영적 의미는 무엇입니까?

적용을 위한 글

영국 크랜취 감독의 시에 다음과 같은 것이 있다. "어떤 사람은 자기의 가는 평탄한 길에 조그마한 구덩이만 있어도 벌써 하나님을 원망하고 사람을 원망한다. 또 어떤 사람은 자기의 가는 험하고 캄캄한 길에 조그마한 빛만 비추어도 하나님이 주시는 자비로우신 빛이라 하여 감사의 기도를 올린다. 화려한 궁전에 살면서도 생이란 왜 이리 괴로우며 기쁜 일은 하나도 없느냐고 얼굴을 찡그려 불평하는 사람이 있으며, 허름한 오두막에 살면서도 우리를 지키시는 하늘 아버지와 한없는 은혜와 사랑을 진심으로 감사하는 사람이 있다." 여기 불평없는 만족스러운 삶을 위한 10가지 충고에 귀를 기울여보자.

1. 단순하게 생각하라.
2. 어떤 결과에 대해 지나치게 겁먹지 말라.
3. 일을 즐기라.
4. 건전한 취미를 가지라.

5. 현재 생활에 만족할 줄 알라.
6. 사람들과 만나 유쾌하게 긍정적으로 말하라.
7. 문제와 맞서라 피하지 말라.
8. 오늘 이 순간을 성공적으로 장식하라.
9. 계획 속에 살라.
10. 좋지 않은 것은 빨리 잊어버려라.

적용 및 결단을 위한 질문

❶ 여러분이 신앙생활을 하다가 불평하게 되는 이유를 찾아서 이를 해결하기 위한 좋은 방안들을 나눠보십시오.

❷ 하나님이 이스라엘 백성들을 위하여 정하신 법도와 율례처럼 온전한 신앙생활을 위한 실천사항을 만들어 실천해보십시오.

21 이스라엘의 원망

본문 출애굽기 16:1-12

외울말씀 내가 이스라엘 자손의 원망함을 들었노라 그들에게 말하여 이르기를 너희가 해 질 때에는 고기를 먹고 아침에는 떡으로 배부르리니 내가 여호와 너희의 하나님인 줄 알리라 하라 하시니라 (12절)

도입을 위한 글

나무꾼이 산에 나무를 하러 갔다. 칡덩굴을 거두려고 붙들었는데, 그게 하필 그늘에서 자고 있던 호랑이 꼬리였다. 나무꾼은 깜짝 놀라 나무 위로 올라갔다. 호랑이가 나무를 흔들었다. 나무꾼은 놀라서 그만 손을 놓았고 나무에서 추락했다. 그런데 하필이면 떨어진 장소가 호랑이 등이었다. 이번엔 호랑이가 놀라 몸을 흔들었고 나무꾼은 호랑이 등에서 떨어지지 않으려고 안간힘을 썼다. 결국 견디다 못한 호랑이가 나무꾼을 떨어뜨리려고 질주하기 시작했다. 나무꾼은 살기 위해서 사력을 다해 호랑이 등을 더 꽉 껴안았다. 마침 한 농부가 무더운 한 여름 날씨에 밭에서 일하다가 이 광경을 보고는 불평을 했다. "나는 평생 땀 흘려 일해도 사는 게 이 꼴인데 어떤 놈은 팔자가 좋아서 빈둥빈둥 놀아도 호랑이 등만 타고 다니니 어디 살겠는가?" 죽기 아니면 살기로 호랑이 등을 붙들고 있는 나무꾼이 농부에게는 부러움의 대상이 된 것이다. 여러분의 삶 보다 다른 사람의 삶이 더 좋아 보이는가? 여러분을 이웃과 비교하는 것은 심히 어리석은 일이다. 여기에 불평하는 인간의 어리석음이 있다. 그것은 여러분이 가진 귀중한 것은 모르고 남이 가진 것의 외형만 보고 판단하는 것이다. 이스라엘 백성들은 광야생활 40년 동안 감사를 몰랐다. 그것은 지금 광야의 삶과 먹을 것이 조금 더 넉넉했던 애굽의 삶을 비교했기 때문이다. 자유로운 광야의 삶이 노예로서 누리는 애굽의 배부름과 어찌 비교가 될 수 있겠는가? 이 불평과 원망의 무리는 시체가 되어 광야에 뉘어지고, 결국 가나안 땅에 들어가는 축복을 빼앗기고 만다.

도입을 위한 질문

❶ 여러분이 원망이나 불평 때문에 좋은 기회를 놓친 경험이 있다면 나눠보십시오.

❷ 원망과 불평이 생기는 이유는 무엇 때문이라고 생각합니까?

본문 질문

❶ 지금까지 이스라엘 백성들의 이동 경로를 정리해보십시오(출 12-16장).

* 엘림과 시내 산 사이 신 광야(출 16:1): 이곳을 가데스 바네아 부근의 신 광야(민 33:36)와 혼동해서는 안 된다. 여기서 말하는 신 광야는 이스라엘이 애굽에서 나와 시내 산까지 가던 도중에 있는 훨씬 남쪽 지역을 가리킨다.

❷ 이스라엘 온 회중이 무엇 때문에 모세와 아론에게 원망하였습니까?(2–3절)

* 이전에 모세만을 원망했던 것과는 달리(14:11, 15:24) 이제는 아론까지도 원망하기 시작한 것은 백성들의 원망과 불평의 정도가 점점 더 심해지고 있음을 보여준다.

❸ 이스라엘의 원망에 대해 하나님은 어떻게 말씀합니까?(4절)

* 내 율법(4절): 이스라엘 백성들이 하늘에서 내려온 만나를 거두어 들일 때 지켜야 할 법도를 가리킨다.

❹ 하나님이 무엇을 시험하시겠다고 말씀합니까?(4절)

❺ 모세와 아론이 온 이스라엘 백성들에게 전한 말은 무엇입니까?(6–8절)

* 4–5절이 위기에 몰린 모세와 아론에게 하나님이 그 해결책을 제시해주신 부분이라면, 이제 6–10절은 모세와 아론이 이스라엘에게 담대하게 하나님의 구원과 공의를 선포하는 부분이다.

❻ 모세의 말을 아론이 전할 때 어떤 일이 있었습니까?(9–10절)

* 여호와께 가까이 나아오라(9절): 여기서 '여호와께'로는 곧 '여호와의 면전에'라는 뜻이다.

❼ 먹을 것 때문에 원망하는 이스라엘 백성들에게 하나님이 낮과 밤에 주시기로 약속한 것은 무엇입니까?(11-12절)

* 내가 여호와 너희의 하나님인 줄 알리라(12절): 이는 '여호와께서 살아 계신 나의 하나님인 줄을 알게 되는 것'이라는 의미이다. 이것이야 말로 하나님께서 이스라엘 위에 행하신 모든 기적 현상의 목적이자 하나님께서 인간들에게 베풀어 주시는 모든 구원 사역의 결론이다.

더 깊은 연구와 묵상을 위하여

이스라엘 백성들이 애굽에서 나와서 가나안에 들어가기 전까지 하나님은 수많은 기적을 통해 이스라엘이 하나님이 함께 하시고 그들을 인도하심을 확증하셨다. 하나님은 홍해를 가르셨고 낮에는 구름으로 밤에는 불 기둥으로 인도하셨으며, 반석을 쪼개어 물을 내셨고, 그들의 죄악을 부단히 용서하셨다. 그럼에도 이스라엘은 계속해서 범죄하였고 하나님을 배반하였다(시 78:17). '원망'이란 단어가 모세오경에만 무려 21번이나 기록되어 있다. 우리의 원망과 불평은 사실 절대적 빈곤이나 궁핍이라기보다는 상대적 비교에 의한 박탈감이라고 볼 수 있다. 하나님은 때때로 내가 주어진 것에 감사하도록 더 나쁜 조건을 주시기도 한다. 주님께서 주신 것의 고마움을 경험하게 하기 위함이다. 건강을 잃어버린 사람이 더욱 건강의 소중함을 알게 되듯이 말이다. 소 잃고 외양간 고치듯 살아가는 것이 아니라 내 삶에 적극적인 만족과 목표에 대한 행동이 있어야 할 것이다. 오늘도 내 삶에 원망이 움트지 않기를 기도하자. 그리고 미리 감사하자.

❶ "일용할 것을 날마다 거둘 것이라"(4절)는 말씀과 예수님이 가르쳐주신 주기도 가운데 "일용할 양식"(마 6:11)을 비교하여 어떤 메시지가 있는지 살펴보십시오.

❷ "내가 이스라엘 백성들의 원망함을 들었노라"(12절)는 말씀에서 느낄 수 있는 하나님의 성품은 무엇입니까?

적용을 위한 글

과거 우리 조상에게는 일제의 아픔이 있었다. 나라를 잃은 젊은이들에게는 원망이 많았다. 나약한 정부를 원망하고, 매국노를 원망했다. 열심히 살아봐야 일본에게만 유리했다. 그래서 술 마시고 허랑방탕하게 살았다. 일종의 애국적 방탕이었다. 일제도 각처에 술집을 만들어 퇴폐를 조장하고「이 풍진 세상을 만났으니」라는 노래를 유행시켰다.「노세 노세 젊어서 노세」라는 자조적인 노래가 주류를 이루었다. 이로 인해, 정신의 황폐화가 나타났다. 모든 것을 원망하니 움직일 힘조차 없는 마비상태가 된 것이다. 이때에 크리스천 지도자 도산 안창호가 등장한다. 나라가 이렇게 된 것은 우리 모두의 책임이다. 결코 원망하지 말라. 우리의 잘못에 대한 하나님의 심판이다. 내 책임이라고 생각하고 똑바로 서라. 원망하지 말고 배우라. 못 배운 탓에 이렇게 된 것이다. 부지런히 일해야 산다. 그래야 광복이 온다. 부지런히 공부하고, 부지런히 예배하며, 부지런히 일하는 것이 애국이다. 한마디로, 무실역행(務實力行)을 외쳤다. 원망의 세력을 꺾어 버리고, 책임지고 움직이는 생명의 세력을 일으키라는 말이다. 그 큰 외침이 젊은이들을 일으켰다. 언제나 원망은 마비시킨다. 그러나 책임의식을 가지고 일하면, 얼음같은 상황도 변화시키고 녹일 수 있다. 굳어지고 마비된 사회를 움직이게 만드는 생명의 세력이 되라.

– 삼일교회, 「yes31」

적용 및 결단을 위한 질문

❶ 먹을 것 때문에 지금까지 하나님으로부터 받은 은혜를 잊은 채 불평하는 이스라엘과 여러분의 모습을 비교해보십시오.

❷ 지금 여러분은 무엇을 감사하고 있습니까? 감사의 목록을 만들어보십시오.

22 만나와 메추라기

본문 출애굽기 16:13-36

외울말씀 사람이 사는 땅에 이르기까지 이스라엘 자손이 사십 년 동안 만나를 먹었으니 곧 가나안 땅 접경에 이르기까지 그들이 만나를 먹었더라 (35절)

도입을 위한 글

알렉산더 왕이 이끄는 군대가 페르시아와 전쟁을 하기 위해 전진하고 있었을 때의 일이다. 군인들은 패전이라도 한 듯 힘없이 행군을 하고 있었다. 그 때 알렉산더 왕은 그 이유를 재빠르게 알아차렸다. 군인들이 여러 전투에서 얻은 노획물들을 몸에 잔뜩 지니고 있었던 것이다. 이에 군인들의 행군을 잠깐 멈추게 한 알렉산더 왕은 노획물들을 모두 모아 불태울 것을 명령했다. 이 명령에 군인들은 심한 불평을 늘어놓았지만, 결국 그렇게 함으로써 페르시아와의 전투에서 승리할 수 있었다. 우리는 모두 그리스도의 군사다. 그렇지만 군사로서의 역할을 잘 감당하지 못할 때가 많이 있다. 그 이유는 세상적인 욕심을 잔뜩 짊어진 채 군사 노릇을 하려고 하기 때문이다.

도입을 위한 질문

❶ 하나님이 여러분에게 매일 공급해 주시는 은혜에 대해서 나눠보십시오.

❷ 여러분의 욕심으로 인해서 일을 그르친 경험이 있습니까?

본문 질문

❶ 저녁과 아침에 하나님이 주신 양식은 각각 무엇입니까?(13–16절)

* 메추라기(13절): 짧은 날개와 작고 둥근 머리, 그리고 통통한 몸집을 가진 철새이다(민 11:31). 이 메추라기는 팔레스틴을 중심하여 봄에는 아프리카에서 떼를 지어 북쪽으로 왔다가 가을쯤 되면 아라비아와 시리아 쪽으로 옮겨가고 겨울에는 다시 아프리카로 돌아간다. 메추라기는 40년간 내렸던 만나(35절)와는 달리 1개월 동안만 내려졌다(민 11:21).

❷ 하늘의 양식에 대해서 모세가 이스라엘 백성들에게 주의를 준 것은 무엇입니까?(17–19절)

* 오멜(18절): 1오멜은 2–3리터이고, 1에바는 23리터이다.

❸ 이스라엘 백성들이 모세의 말에 순종하지 않은 결과는 무엇입니까?(20절)

* 더러는 아침까지 두었더니(20절): 백성들의 탐욕과 이로 인한 불순종의 모습을 보여준다.

❹ 하나님은 거룩한 안식일을 위해서 하늘의 양식을 어떻게 하라고 지시하십니까?(21–23절)

* 스러졌더라(21절): 나마스는 '용해시키다, 녹다'라는 뜻의 '마사'에서 온 말로, 만나가 눈 녹듯이 녹아버린 것을 뜻한다.

❺ 여섯 째 날에 하늘의 양식이 얼만큼 공급되었습니까?(26–29절)

❻ 하나님이 모세에게 만나를 어떻게 하라고 지시하십니까?(31–32절)

* 깟씨(31절): 미나리과에 속하는 '고수풀'(coriander)의 씨를 가리킨다. 이 씨는 회백색에 직경 3mm정도 되는데 소화제나 향료 또는 조미료로 쓰인다(민 11:7).

❼ 이스라엘 백성들은 언제까지 만나를 먹었습니까?(35절)

더 깊은 연구와 묵상을 위하여

양식이 떨어지자 이스라엘 백성들이 모세와 아론을 심하게 몰아붙인 이유가 무엇인가? 그들의 말은 "모세와 아론, 너희가 잘못했다"라는 것이다. "하나님은 이런 식으로 일하시지 않는데, 너희들 마음대로 경험도 없으면서 책임지지도 못할 일을 했다"라는 것이다. 이에 대하여 이 모든 일은 하나님이 하신 것이고, 하나님이 그들 가운데 함께 계시며, 그들에게 지금까지 말씀하신 분도 하나님이시라는 것과 하나님이 그들이 말하고 있는 것을 다 듣고 계심을 보여준 것이 그들이 불평한 즉시 내린 메추라기와 만나 사건이었다. 하나님은 때때로 즉각적으로 기도에 응답해주시거나 혹은 불평을 들어주심으로 지금도 우리에게 말씀하고 계시며 우리의 모든 말을 들으시고 우리의 생각을 아신다는 것을 보여주신다. 하나님이 이스라엘 백성들에게 양식을 주신 것은 그들이 요구했기 때문에 마지못해서 주신 것이 아니다. 하나님은 그들을 광야로 인도하시기 전에 이미 그들의 필요를 알고 계셨다.

– 김서택, 「광야에서 인도하신 하나님」

❶ 이스라엘 백성들의 필요를 가장 잘 알고 계셨던 하나님을 잊을 때 어떤 문제가 생깁니까?

❷ '만나와 메추라기'를 광야생활 내내 공급받은 이스라엘 백성들처럼 여러분에게 하나님이 공급하시는 생명의 양식이 있습니다. 무엇인지 나눠보십시오.

적용을 위한 글

하나님이 이스라엘 백성들에게 말씀하기를 각 사람마다 만나 한 오멜씩 계산하여 거두어 들이라고 하셨다. 그랬더니 저마다 이른 아침 들에 나가 만나를 거두었는데 어떤 사람은 많은 분량의 만나를, 어떤 사람은 적은 분량의 만나를 거두었지만 많이 거둔 자도 남음이 없고 적게 거둔 자도 부족함이 없도록 하나님이 역사하셨다. 하나님은 우리가 생존할 수 있는 충분한 분량의 식물을 이미 주셨다. 그러므로 각 사람마다 필요한 분량만큼의 적당한 물질을 추구하게 된다면 모든 사람들이 먹고 배부를 수가 있다. 그러나 하나님의 말씀을 어기고 욕심을 내어서 하루 분량 이상의 만나를 거두어 들여서 그 다음 날까지 남겨두었던 사람들은 그 남겨둔 만나에 벌레가 생기고 냄새가 났다고 하였다. 남겨둔 것에서 냄새가 나는 것이다. 특히, 음식은 남겨두어서 버리게 되는 경우가 많다. 물질이란 남겨두면 벌레가 생기고 썩는 냄새가 난다는 사실을 알아야 한다. 물질을 지나치게 모아두면 교만해지고 태만해지며 물질을 이용한 죄악이 생겨나게 된다. 인간에게는 일용할 양식이면 족하다.

– 이상원, 「이제 가라 젊은이여」

적용 및 결단을 위한 질문

❶ 이스라엘 백성들의 욕심이 만나와 메추라기를 썩게 하였습니다. 여러분 안에 제거해야 할 욕심을 버리기 위해 결심하십시오.

❷ 여러분 삶의 만나와 메추라기가 주님의 말씀이 되어야 합니다. 말씀을 매일 묵상하며, 말씀대로 실천하는 삶을 위해서 기도하십시오.

23 아말렉

| **본문** 출애굽기 17:1-16

| **외울말씀** 여호와께서 모세에게 이르시되 이것을 책에 기록하여 기념하게 하고 여호수아의 귀에 외워 들리라 내가 아말렉을 없이하여 천하에서 기억도 못 하게 하리라 (14절)

도입을 위한 글

한 불평이 많은 청년이 왕을 찾아가 인생을 성공적으로 사는 법을 가르쳐달라고 졸랐다. 왕은 잔에 포도주를 가득 부어 청년에게 주면서 말했다. “포도주 잔을 들고 시내를 한 바퀴 돌아오면 성공 비결을 가르쳐 주겠다. 단, 포도주를 엎지르면 네 목을 베리라.” 청년은 땀을 뻘뻘 흘리며 시내를 한 바퀴 돌아왔다. 그러자 왕이 물었다. “시내를 돌며 무엇을 보았느냐? 거리의 거지와 장사꾼들을 보았느냐? 혹시 술집에서 새어나오는 노랫소리를 들었느냐?” 청년이 대답했다. “포도주 잔에 신경을 쓰느라 아무것도 보고 듣지 못했습니다” 그러자 왕이 말했다. “바로 그것이 성공의 비결이다. 인생의 목표를 확고하게 세우고 일에 집중하면 주위의 유혹과 비난이 들리지 않을 것이다.” 일 못하는 사람은 불평이 많다. 분명한 인생관을 갖고 일에 몰입하는 사람은 불평할 틈이 없다.

도입을 위한 질문

❶ 여러분의 인생관이 무엇인지 나눠보십시오.

❷ 원망과 불평이 여러분의 삶에 주는 영향은 무엇입니까?

본문 질문

❶ 르비딤에 장막을 쳤을 때 이스라엘 백성들에게 발생한 문제는 무엇입니까?(1절)

* 르비딤(1절): '원기 회복'이란 뜻이다. 시내 산에서 가장 가까운 곳에 위치하였던 것만은 분명하지만 정확한 위치는 알 수 없다.

❷ 이스라엘 백성들이 모세와 다툰 이유는 무엇입니까?(2-3절)

* 백성이 모세와 다투어(2절): 이스라엘 백성들의 파렴치한 행동을 다시 한 번 보여준다. 이들은 모세를 단지 원망만 하던 과거의 정도를 넘어 이제는 모세와 다투기까지 했으며, 모세에게 직접 물을 달라고 항의하였다.

❸ 이스라엘 백성들의 항변에 모세는 무엇을 하였습니까?(4절)

❹ 하나님이 모세에게 지시하신 내용은 무엇입니까?(5-6절)

❺ "맛사" 또는 "므리바"의 의미는 무엇입니까?(7절)

* 맛사(7절): 히브리어의 '시험하다'라는 말에 그 어근을 두는 것으로서, '시험' 또는 '유혹'을 의미한다.
* 므리바(7절): '다투다'라는 말에서 온 것으로, '다툼' 또는 '논쟁'을 뜻한다.

❻ 르비딤에서 어떤 족속이 이스라엘을 공격합니까?(8절)

* 아말렉(8절): 에돔 사람들로부터 갈라져 나와 시내 반도에서 그 세력을 뻗치며 유랑하던 유목민들이다(창 36:11-12).

❼ 아말렉과의 전투 중에 모세가 한 일과 그 결과는 무엇입니까?(9-16절)

* 여호와 닛시(15절): '여호와는 나의 깃발'이란 뜻으로, 하나님께서는 전쟁터에서 이스라엘을 항상 승리하게 하시는 분이라는 의미이다.

더 깊은 연구와 묵상을 위하여

여호수아는 모세의 비서관이었다. 성경에는 시종으로 표현되어 있지만 요즘으로 말하면 비서관이다. 비서관 중에서도 국방담당 비서관으로 볼 수 있다. 여호수아는 20대 청년 때부터 모세가 뽑아서 길렀다. 출애굽기 17장에 보면 애굽 종살이에서 벗어난 후 아말렉과 첫 번째 전투를 벌여야만 했다. 홍해를 건너서 광야를 행진하고 있을 때이다. 이스라엘 민족은 전혀 전쟁준비가 되어있지 않은 상태인데 아말렉 족속이 앞을 가로막았다. 아말렉 족속은 무장이 잘된 전투경험이 풍부한 군대이다. 이에 반해 이스라엘 민족은 애굽에서 종살이하다가 갓 해방되어 나왔기에 오합지졸이나 마찬가지였다. 전쟁을 하면 상대가 되지 못한다. 무장한 정규군과 무장이 안 된 비정규군의 전쟁은 불을 보듯 뻔한 일이다. 그때 모세가 20대 청년인 여호수아를 지도자로 지목했다. 일반적인 방법으로 전쟁을 하면 승산이 없으므로 완전히 파격적인 방법을 선택했다. 하나님을 신뢰하는 영적으로 준비가 되어 있는 사람, 여호수아를 뽑은 것이다. 여호수아는 개인행동보다는 뜻을 같이하는 동지들과 항상 손발을 맞추는 일이 체질화되어 있던 사람이었다.

– 김진홍, 「두레공동체의 정신과 비전」

❶ 이스라엘 백성들에게 생수를 공급해주시는 하나님의 손길이 여러분에게 주신 은혜는 무엇입니까?

❷ 여러분은 아말렉과의 전투 중에 모세를 도왔던 아론과 훌의 모습을 통해서 무엇을 깨달았습니까?

적용을 위한 글

하나님은 지금 계신다. 오늘, 이 시간, 이 순간, 여러분이 이 문장을 읽는 이 순간, 그분은 여러분과 함께 계신다. 그분은 지금 이 순간보다 여러분께 더 가까우실 수 없다. 그분의 신실함은 여러분이 잘한다고 커지는 것도 아니요, 여러분이 못한다고 줄어드는 것도 아니다. 그분은 '여러분 편'이시다. 하나님은 '여러분 편'이시다. 멀리 결승선을 내다보라. 하나님이 여러분의 경주를 응원하고 계신다. 하나님이 여러분의 걸음걸음에 박수를 보내고 계신다. 관람석에서 여러분의 이름을 외치고 계신 그분의 음성을 들어보라. 너무 지쳐 계속 뛰기 힘든가? 그분이 붙들어주실 것이다. 너무 낙심돼 싸우기 어려운가? 그분이 일으켜 세워주실 것이다. 하나님은 '여러분 편'이시다. 그분께 달력이 있다면 여러분의 생일에 동그라미가 쳐져 있을 것이다. 그분이 차를 운전한다면 범퍼에 여러분의 이름이 붙어 있을 것이다. 천국에 나무가 있다면 나무껍질에 여러분의 이름을 새기셨을 것이다. 우리는 그분께 문신이 있음을 안다. 문신의 글귀도 안다. "내가 너를 내 손바닥에 새겼고"(사 49:16). 미래가 막막하거든 여러분을 돌보는 목자 '여호와 라아'께 가라. 공급이 불안하거든 필요를 채우시는 주님 '여호와 이레'께 아뢰라. 문제가 너무 큰가? 평안이신 주님 '여호와 샬롬'의 도움을 구하라. 몸이 아픈가? 마음이 약한가? 여러분을 치유하시는 주님 '여호와 라파'가 곧 여러분을 맡으실 것이다. 적진에 갇혀 오도 가도 못하게 된 군인 신세 같은가? 승리의 깃발 되신 주님 '여호와 닛시'께 피하라. – 맥스 루카도, 「주와 같이 길 가는 것」

적용 및 결단을 위한 질문

❶ 모세를 도왔던 '아론과 훌'과 같은 도움이 필요한 곳이 있습니까? 여러분이 그곳 또는 그 사람에게 나아가십시오.

❷ 여러분이 "여호와 닛시"의 삶을 살기 위해서 기도하십시오.

24 모세와 이드로

본문 출애굽기 18:1-27

외울말씀 모세의 장인이며 미디안 제사장인 이드로가 하나님이 모세에게와 자기 백성 이스라엘에게 하신 일 곧 여호와께서 이스라엘을 애굽에서 인도하여 내신 모든 일을 들으니라 (1절)

도입을 위한 글

왕의 충고

너무 똑똑하지도 말고, 너무 어리석지도 말라.
너무 나서지도 말고, 너무 물러서지도 말라.
너무 겸손하지도 말고, 너무 거만하지도 말라.
너무 떠들지도 말고, 너무 침묵하지도 말라.
너무 강하지도 말고, 너무 약하지도 말라.

너무 똑똑하면 사람들이 너무 많은 걸 기대할 것이다.
너무 어리석으면 사람들이 너를 속이려 할 것이다.
너무 거만하면 까다로운 사람으로 여길 것이고,
너무 겸손하면 존중하지 않을 것이다.
너무 말이 많으면 말에 무게가 없고,

너무 침묵하면 아무도 관심 갖지 않을 것이다.
너무 강하면 부러질 것이고, 너무 약하면 부서질 것이다.
– 코막, 「아일랜드의 옛 시집 中」

도입을 위한 질문

❶ '독불장군이 없다'라는 말이 여러분에게 주는 교훈은 무엇입니까?

❷ 인생을 살면서 충고가 필요한 이유는 무엇입니까?

본문 질문

❶ 이드로는 누구입니까?(1절)

❷ 이드로가 모세에게 온 이유는 무엇입니까?(2–3절)

❸ 모세의 두 아들의 이름과 그 의미는 무엇입니까?(3-4절)

* 나를 도우사(4절): 여기서 '돕다'에 해당하는 '아자르'는 '둘러싸다, 방어하다'라는 뜻으로, 하나님께서 전후좌우로 감싸시듯 빈틈없이 보호하며 도우시는 것을 의미한다.

❹ 모세는 이드로를 어떻게 대하고 무슨 말을 전합니까?(7-8절)

* 문안하고(7절): '샤알'은 '묻다, 문의하다, 간구하다, 빌다'라는 뜻이다. 그리고 '샬롬'은 '평화, 행복'을 뜻한다.

❺ 모세의 말을 들은 이드로의 반응은 어떠했습니까?(9-12절)

* 여호와를 찬송하리로다(10절): '찬송하다'에 해당하는 '바라크'는 '무릎 꿇다, 송축하다'라는 뜻으로, 하나님께 겸손한 마음으로 찬양과 영광 돌리는 것을 의미한다.

❻ 이드로가 모세의 통치 방침을 보고 말한 내용은 무엇입니까?(13-22절)

* 옳지 못하도다(17절): '좋지 않다'라는 의미이다. 윤리적으로 '악하다'라는 뜻이 아니다.

❼ 이드로의 말을 듣고 모세가 취한 조치는 무엇입니까?(23-26절)

* 백성의 우두머리(25절): 이드로의 충고를 받아들여 세워진 천부장, 백부장, 오십부장, 십부장들은 단순한 재판관이 아닌 그들에게 맡겨진 조직의 '우두머리'로서, 행군 시에는 그들이 앞장서서 행군하며 전쟁 시에는 '군대 장관'이 되었다(민 31:14).

더 깊은 연구와 묵상을 위하여

모세는 남자 장정만 60만 명이 넘는 많은 사람을 거느리고 있었다. 18세 이상 장정만 60만 명이다. 그러니 어린이, 노약자, 여자, 다 합하면 대략 2백만 명 정도이다. 이 가운데 질서 문제, 치안 문제 등이 얼마나 많이 발생하겠는가? 강도 사건, 절도사건, 사기사건, 결혼문제, 이혼문제, 신앙문제 등 엄청난 문제들이 매일 발생했다. 그 일을 모세가 다 해결하기 위해서 재판을 하고 있었다. 그 모습을 보고 장인 이드로가 묘책을 제시한다. 백성의 수에 따라 열 사람의 책임자로 십부장을 임명하고, 오십 명의 책임자로 오십부장, 백 사람의 책임자로 백부장, 천 명의 책임자로 천부장을 임명하여 피라미드형 조직 체계를 잡으라고 대책을 제시했다. 그리고 가장 중요한 사건만을 모세가 직접 간여하도록 하라는 것이다. 아마 이드로의 이 생각은 행정학, 혹은 경영학의 시초가 아닌가 한다. 행정조직, 경영조직이 여기서부터 시작된다. 만약 이드로가 이런 기가 막힌 조언을 해주지 않았더라면, 모세는 과로로 인해 순직했을지도 모른다. 모세는 장인 이드로를 만남으로써 큰 유익을 얻었다.

❶ 모세가 이스라엘 백성들을 통치하면서 미처 생각하지 못했던 부분은 무엇입니까?

❷ 이드로의 말은 모세의 사역에 어떤 영향을 주었습니까?

적용을 위한 글

교회는 지체들이 그들의 은사와 기량을 적절하게 사용해서 그리스도의 몸을 세우는 데 책임을 질 수 있도록 해야 한다. 목수의 연장들이 모여서 대화를 했다고 상상해보라. 이 회의의 사회를 맡은 망치는 너무 시끄럽다는 이유로 물러날 것을 요구받았다. 화를 내면서 그는 "만약 내가 물러나야 한다면, 드라이버 씨도 같이 물러나야 해요. 그는 원 안에서 빙글빙글 도는 것 외에는 하는 일이 없어요." 키가 크고 날씬한 드라이버는 강단으로 나가서 반격을 한다. "저는 물러나야 할 사람이 아니에요. 저 대패 형제를 보세요. 그는 깊이 뚫는 일은 못하잖아요. 평평한 곳을 벗어나서는 아무 일도 못해요."이제 대패의 차례다. "늙은 사포 씨는 어떻고요?" 그는 대답한다. "그는 마찰을 일으켜서 모든 나무를 거꾸로 문지르잖아요!" 이 논쟁이 격해지고 있을 때, 나사렛 목수가 그날 작업을 시작하려고 도착한다. 그분은 작업복을 걸치고 복음을 선포할 강단을 만들기 위해서 작업대로 간다. 그분은 망치와 드라이

> 버와 대패, 그리고 사포를 사용한다. 사실, 그분은 가게에 있는 모든 도구를 사용한다. 사탄은 우리가 서로를 헐뜯는 것을 즐긴다. 사탄이 우리의 차이를 부각시킬수록, 우리는 자신이 특별한 목적을 이루는 하나님의 도구라는 사실을 점점 망각하면 안 된다.
>
> – 토니 에반스, 「승리하는 그리스도인으로 사는 방법」

적용 및 결단을 위한 질문

❶ 여러분이 혼자 모든 것을 하려고 하면 반드시 실패합니다. 주 안에서의 "합력"(롬 8:28)이 중요한 이유는 무엇입니까?

❷ 지금 여러분이 속한 공동체에서 어떤 역할을 감당하고 있습니까? 그 일을 충실히 하고 있는지 점검해보십시오.

인도자를 위한 지침

인도자를 위한 지침

1. 하나님의 말씀을 대하는 우리는 '믿음'과 '순종'의 태도를 지녀야 합니다. 따라서 성경을 공부하기 전에 먼저 성령의 조명하심을 위해서 기도하십시오. 그렇지 않으면 하나님의 메시지를 발견하기보다는 자신이 원하는 대로 하나님의 메시지를 조작하는 오류와 착각에 빠질 수 있습니다.

2. 성경공부를 통해서 드러나야 할 분은 오직 '예수 그리스도'이십니다. 그래서 인도자는 참여자들이 예수 그리스도와 십자가를 경험할 수 있도록 준비해야 합니다. 또한 그들이 적극적으로 성경공부에 참여하도록 예습 및 복습, 그리고 성경공부 시간에 참여자들의 상태를 살펴야 합니다.

3. 출애굽기의 핵심은 하나님의 역사와 은혜로 말미암은 '구속'입니다. 매 장마다 이스라엘 백성들 안에서 역사하고, 은혜를 베푸시는 하나님께 모든 초점을 맞춰주십시오.

01. 노예 이스라엘

애굽에 살고 있던 이스라엘 백성들은 요셉을 알지 못하던 애굽 왕에 의해서 아주 심한 노역을 하며 고통받았습니다. 그들은 애굽의 노예로서 하루하루 힘겨운 삶을 살았습니다. 이때, 하나님이 고통받은 이스라엘 백성들을 구원하시기 위한 계획을 준비하십니다. 우리는 이를 통해 노예로 살고 있는 이스라엘을 하나님이 어떻게 구원하실지 기대감을 갖게 됩니다. 또한 우리의 진정한 주인은 하나님이심을 분명히 가르쳐주십시오.

02. 모세

하나님은 이스라엘 백성들 구원하시기 위해서 모세를 준비시키셨습니다. 모세는 태어나자마자 죽음의 위기가 있었지만, 기적적으로 살아나서 바로의 왕궁에서 왕사로서 40년간 살게 됩니다. 모세가 40세가 되었을 때 그는 스스로 민족을 위해서 무언가를 해보려고 했지만 아직은 하나님의 때가 아니었습니다. 하나님의 뜻이 무엇이며, 그 때가 중요하다는 사실을 가르쳐주십시오.

03. 부르심

모세는 목동으로 40년간 살면서 겸손과 기다림의 훈련을 받은 후, 하나님의 부르심을 받습니다. 그리고 모세는 하나님으로부터 직접 출애굽의 사명을 받습니다. 하나님은 자신의 능력으로 주님의 일을 하려고 했던 모세의 교만을 꺾으십니다. 그리고 이제 하나님 앞에서 겸손하게 자신의 신발을 벗는 모세의 모습을 통해 하나님의 부르심에 대해 확실하게 가르쳐주십시오.

04. 이적

모세는 하나님의 부르심에 순종합니다. 그러나 막상 수많은 이스라엘 백성들을 이끈다는 것이 모세에게는 너무나 큰 부담이었습니다. 주저하는 모세에게 하나님은 자신의 능력을 보여주십니다. 놀라운 이적을 통해서 다시 한 번 하나님의 능력을 인식하고, 하나님을 믿도록 모세에게 기회를 주신 것입니다. 하나님은 능력의 주님이라는 사실을 가르쳐주십시오.

05. 할례

하나님의 부르심을 받아 애굽으로 가던 길에 모세는 거의 죽을 뻔합니다. 이는 그가 정말 중요한 것을 잊었기 때문입니다. 그것은 할례였습니다. 하나님과 인간 사이의 중요한 언약의 증표인 할례를 잊을 때 제 아무리 모세일지라도 죽임을 당할 수 있습니다. 참여자들이 잊고 있는 하나님의 말씀이 무엇인지 살펴보도록 지도해주십시오.

06. 바로

애굽의 왕 바로는 당대 최고의 권력자였습니다. 따라서 자신이 노예로 부리는 이스라엘 백성들 중 한 명인 모세의 말을 들을 리가 없었습니다. 뿐만 아니라 바로는 모세를 사용하시는 하나님을 보지 못했기에, 그의 요구에 이스라엘 백성들을 더욱 힘들게 했습니다. 우리가 하나님을 보지 못할 때, 우리는 하나님의 뜻에 반역하게 된다는 사실을 기억하도록 지도해주십시오.

07. 언약

바로의 거절에 모세는 좌절합니다. 설상가상(雪上加霜)으로 이스라엘 백성들도 모세를 원망합니다. 모세는 크게 실망하며 하나님께 나아갔고, 이때 하나님은 그에게 다시 한 번 이전의 언약을 상기시켜주십니다. 우리도 신앙생활을 하면서 예상하지 못한 환난으로 좌절할 때가 있습니다. 그때마다 하나님의 말씀을 기억해야 한다는 사실을 가르쳐주십시오.

08. 족보

출애굽기는 족보를 통해 출애굽의 역사성을 강조하고, 모세와 아론의 권위의 합법성을 부여합니다. 성경은 출애굽이 실제 사건임을 구약 전체를 통해 말씀하고 있습니다. 하나님이 행하시는 모든 것은 절대로 우연이 아니며, 하나님의 섭리가운데 예정되어 있습니다. 본문의 족보를 통해서 인간의 뿌리를 찾는 것이 아니라 하나님의 선한 역사에 집중하도록 지도해주십시오.

09. 재앙1_피

바로가 하나님의 뜻을 거절한 결과, 애굽에 하나님의 재앙이 시작됩니다. 열 가지 재앙들은 당시 애굽인들이 신으로 섬기던 것들과 관련이 있습니다. 그들은 태양을 비롯해서 나일 강에 있는 수많은 생물들을 신으로 섬겼습니다. 하나님은 그들이 신으로 섬기는 대상들을 동원해서 그들을 심판하는 일에 사용하셨습니다. 우상을 섬기는 자에게는 하나님의 심판이 있음을 기억하도록 가르쳐주십시오.

10. 재앙2_개구리, 이, 파리

하나님의 심판은 계속됩니다. 그러나 애굽의 바로는 잠시 동안만 하나님을 찾을 뿐, 재앙이 사라지면 이내 돌변합니다. 바로와 같이 완악한 모습이 바로 우리의 모습이라는 사실을 참여자들에게 가르쳐주십시오.

11. 재앙3_돌림병, 종기, 우박

애굽에 내린 하나님의 심판에는 사랑과 공의가 있습니다. 하나님의 뜻에 순종하지 않는 애굽을 향한 심판을 통해 애굽인들은 하나님의 위대하심을 분명히 깨달아야 했습니다. 이것을 잊을 때 모든 인간들은 고통에서 벗어날 수 없다는 것을 가르쳐주십시오.

12. 재앙4_메뚜기, 흑암

하나님은 하나님 앞에 순종하지 않는 바로에게 겸손과 순종을 요구하십니다. 그리고 하나님의 백성들을 풀어줄 것을 촉구하십니다. 이제 바로의 신하들도 바로 앞에서 진언을 합니다. 그러나 바로는 깨닫지 못합니다. 한 사람의 완악함 때문에 애굽이 계속해서 신음하게 되는 것에 주목하도록 지도해주십시오.

13. 마지막 경고

바로의 고집으로 오랫동안 애굽인들은 말로 형언할 수 없는 고통을 겪습니다. 하나님은 누구나 알만한 것들을 통해서 경고하시는데 바로는 그것을 보지 못한 것입니다. 결국 애굽에 하나님의 마지막 경고가 내립니다. 바로는 그 경고를 들어야만 했습니다. 오늘날 하나님이 여러분에게 주시는 경고가 무엇인지 살펴볼 수 있도록 가르쳐주십시오.

14. 유월절

유월절은 이스라엘 민족에게 새 출발을 위한 예식이었습니다. 애굽에 내린 하나님의 마지막 심판을 피할 수 있는 유일한 길은 어린 양의 피밖에 없었습니다. 어린 양의 피는 구원의 증표이고, 유월절은 이것을 기념하는 날입니다. 그리스도인으로서 어린 양의 피, 예수님이 흘리신 피의 흔적이 있는지 참여자들이 스스로 자신을 돌아볼 수 있도록 가르쳐주십시오.

15. 마지막 재앙_장자의 죽음

드디어 애굽에 마지막 재앙이 임합니다. 사람과 가축의 장자가 모두 죽었습니다. 당시 장자를 가장 소중히 여기던 시대적 상황을 고려해 볼 때, 이 사건은 엄청난 것이었습니다. 하나님의 사랑과 불순종 중에 어디에 속해있는지 참여자들이 자신을 살펴볼 수 있도록 지도해주십시오.

16. 출애굽

이스라엘이 출애굽 합니다. 이는 하나님의 놀라운 역사하심으로 가능했던 기적이었습니다. 하나님은 계획하신 모든 것을 이루십니다. 하나님의 길을 방해하던 모든 장애물들은 제거되었고 하나님 앞에 굴복하였습니다. 누구도 하나님을 막을 수는 없습니다. 오직 하나님을 따라, 하나님의 인도하심에 순종해야 함을 가르쳐 주십시오.

17. 구름, 불 기둥

광야를 여행하는 것은 매우 고통스럽습니다. 특히, 연약한 아이들과 부녀자들이 동행한다면 그 위험은 배가 됩니다. 광야의 짐승과 해충들, 그리고 열악한 상황은 사람들을 금방 지치게 합니다. 그러나 하나님의 인도하심이 있을 때 그런 것들은 더 이상 문제가 되지 않습니다. 그리스도인은 어디에 있든지 하나님께서 세밀하게 인도하신다는 사실에 집중하여 지도해주십시오.

18. 바로의 추격

바로는 장자의 죽음이라는 심판을 받고서도 또 다시 이스라엘 백성들을 잡기 위해서 정예부대를 보내 추격합니다. 애굽의 모든 장자가 죽는 비극도 바로의 교만을 막지 못했습니다. 하나님의 말씀을 잊고 사는 사람의 모습이 어떠한지 생각해

볼 수 있도록 지도해주십시오.

19. 홍해 도하

하나님의 기적은 다시 한 번 일어납니다. 이스라엘 백성들을 추격하는 애굽의 정예부대가 홍해에 완전히 수장당한 것입니다. 무엇보다도 이스라엘 민족이 홍해를 건넜다는 사실은 도저히 설명할 수 없는 기적이었습니다. 오직 하나님만이 기적을 행하시는 능력의 주님이라는 사실을 깨닫도록 인도해주십시오.

20. 마라의 쓴 물

이스라엘 백성들은 하나님의 능력으로 홍해를 건넜지만, 물이 없어 불편하자 다시 하나님을 원망합니다. 이스라엘은 하루하루가 기적의 연속이었지만, 단 한 번의 불편함을 참지 못하고 원망의 늪에 빠집니다. 하나님을 바라보지 않고 현실의 문제를 바라볼 때, 마라의 쓴 물이 우리의 삶에서 반복될 수 있음을 가르쳐주십시오.

21. 이스라엘의 원망

이스라엘의 원망은 이후에도 계속됩니다. 이번에는 먹을 것이 없음을 불평합니다. 그들은 애굽에서 힘든 노예생활을 했음에도, 오히려 애굽으로 돌아가자는 말까지 합니다. 이러한 이스라엘 백성들의 모습이 오늘날 우리의 모습이라는 사실을 주지시켜, 하나님을 향한 감사를 회복하도록 가르쳐주십시오.

22. 만나와 메추라기

하나님이 이스라엘 백성들에게 또 다시 기적을 베푸십니다. 하나님은 그들이 원하는 빵과 고기를 초자연적인 방법을 동원하여 매일매일 신선하게 공급해주십니다. 하나님은 우리의 필요를 가장 잘 아시고 공급해주시는 분이라는 사실을 가르쳐주십시오.

23. 아말렉

가나안을 향해 나아가는 이스라엘은 이방 족속과 전투를 벌이게 됩니다. 그러나 이 전투는 이미 결과를 예견할 수 있는 전쟁이었습니다. 최강의 군대 애굽을 물리친 하나님의 능력이 여전히 이스라엘 백성들과 함께했기 때문입니다. 모세는 아론과 훌과 함께 기도하였고, 이스라엘 백성들은 싸웠습니다. 하나님은 이스라엘의 기도를 들으셨고 이기게 하셨습니다. 그리스도인은 하나님의 능력으로 승리할 수 있다는 소망을 가지고 기뻐해야 함을 가르쳐주십시오.

24. 모세와 이드로

출애굽의 지도자 모세는 너무나 많은 업무들로 인해 매우 바빴습니다. 이때 모세의 장인 이드로가 찾아와, 모세의 상황을 보고 조언합니다. 모세는 이드로의 조언을 받아들였고, 보다 효과적으로 이스라엘을 다스리게 되었습니다. 하나님은 당신의 일을 하실 때 혼자만 하는 것을 원하지 않으십니다. 하나님은 그리스도인들이 서로 협력하여 하나님의 일을 이루기 원하신다는 사실을 가르쳐주십시오.

PRECEPT BOOK LIST

Ⅰ. 리더십 · 성공

1 리더가 저지르기 쉬운 10가지 실수 한스 핀젤
2 리더십의 고지, 이렇게 점령하라! 김경섭
3 성공의 삶을 디자인하라 피터 허쉬
4 성공의 7가지 장애 김병삼
5 참된 성공에 이르는 비결 데이비드 쇼트
6 파워 리더 게리 콜린스
7 파워 리더 여호수아 김경섭
8 파워 리더 느헤미야 김경섭
9 모세 지도력의 비밀 김경섭
10 명품리더십 김병삼
11 사사열전 김경섭

Ⅱ. 영성 · 자기 계발

1 감동을 창조하는 인간관계 윌리엄 디엄
2 강한 그리스도인이 되는 12가지 원리 박종신
3 까다로운 사람들과 함께 만드는 교향곡 윌리엄 디엄
4 당신은 건강한 그리스도인인가? R. C. 스프롤
5 당신은 포로인가? 프로인가? 토마스 화이트맨 외
6 복 있는 사람 고신일
7 성경적 EQ 개발 크리스 터만
8 세상을 이기는 그리스도인 김연택
9 올해를 최고의 해로 만드는 52가지 방법 토드 템플
10 운명의 사슬에 도전하라 강경민
11 영적 싸움에서 승리하는 비결 케이 아더
12 영성 회복을 위한 7가지 열쇠 스티븐 아터번 · 데이빗 스톱
13 인생의 길을 묻는 그대에게 제임스 돕슨
14 지혜로운 생테크 이렇게 하라 웨인 슈미트
15 축복의 언어 존 트렌트 · 게리 스몰리
16 흔들리지 않는 믿음 엘리자베스 엘리엇
17 고통의 의미 케이 아더
18 소망 케이 아더
19 하나님을 향한 마음 케이 아더
20 하나님의 주권 케이 아더
21 비전의 힘 마일즈 먼로
22 축복의 통로 래리 허커
23 너무도 소중한 나 짐 심발라 · 딘 메릴
24 영적 전투의 전략 워렌 위어스비

Ⅲ. 가정 · 상담 · 치유

1 남성, 그 위대성의 본질 제임스 돕슨
2 마음 아픈 이들을 위하여 에이미 로스 멈포드
3 사랑은 강인해야 한다 제임스 돕슨
4 상처 입은 영혼의 치유 알프레드 엘스
5 성, 그 끝없는 유혹 케이 아더
6 숨겨진 상처를 드러내라 레스 카터 · 프랭크 미너쓰
7 아내 학대, 그 치유와 소망 준 헌트
8 아내를 사랑하는 10가지 방법 한스 핀젤
9 용기가 필요한 믿음의 여인들 레브라 에반스
10 행복한 결혼생활의 비결 케이 아더
11 우리 시대의 아픔과 사랑이야기 오성춘
12 영적 치유 케이 아더
13 자녀를 하나님의 사람으로 만드는 43가지 지혜 앤드류 머레이
14 하나님의 세미한 음성 케이 아더
15 주님, 내 중심에 말씀하소서 케이 아더
16 자녀와 함께 드리는 가정예배 프리셉트성경연구원
17 자녀들에게 들려주는 성 이야기 시리즈 (취학 전 아동, 초·중·고등학생) 존스 부처
18 감정 치유의 6단계 데이비드 클락

Ⅳ. 묵상 · 성경공부

1 큐티합시다 오대희
2 수험생을 위한 100일 묵상 프리셉트성경연구원
3 큐틴즈 양희만 · 이재학
4 일년일독 매일 묵상 주경로
5 입시생을 위한 묵상 김우영
6 큐티 첫걸음 프리셉트성경연구원
7 효과적인 경건의 시간 케이 아더

Ⅴ. 클래식 시리즈

1 온전한 순종 앤드류 머레이
2 D. L. 무디의 Secret Power D. L. 무디
3 인류 최고의 고전 그리스도를 본받아 토마스 아 켐피스
4 앤드류 머레이의 하늘문을 여는 기도 앤드류 머레이
5 찰스 스펄전의 은혜 찰스 스펄전
6 예수님이라면 어떻게 하실까? 찰스 쉘던
7 현대인을 위한 어거스틴의 참회록 성 어거스틴
8 현대인을 위한 참된 목자 리처드 백스터
9 현대인을 위한 성도의 공동생활 디트리히 본회퍼
10 현대인을 위한 죄 죽이기 존 오웬
11 현대인을 위한 천로역정 존 번연

Ⅵ. 어린이 · 청소년

1 놀라운 성경 탐험 메리 홀링스워스
2 말씀으로 치유되는 십대들의 고민 50가지 필 첼머스
3 믿음이 쑥쑥 자라고 있어요 존 맥아더
4 예수님이라면 어떻게 하실까요? 찰스 쉘던
5 나의 사랑하는 성경(구약, 신약) 오대희

6 프리셉트 어린이 영어찬양 프리셉트성경연구원
7 하나님은 너를 사랑해 요한 스미스 · 헬레나 스미스
8 파란 눈의 중국인 선교사 허드슨 테일러 캐서린 맥켄지
9 고아들의 영웅 조지 뮬러 아이린 호왓
10 코리 텐 붐 재스티 호프 바애즈
11 365일 이야기 그림 성경 엘시 이거마이어
12 청소년을 위한 구약개관 프리셉트성경연구원
13 벤허 루 월리스
14 어린이를 위한 천로역정 존 번연

VII. 기도 · 신앙생활

1 기도하는 엄마들 펀 니콜스
2 기도하십니까? 후안 카를로스 오르티즈
3 너무너무 궁금한 질문 101가지 웨인 데이빗
4 교회, 처음 오셨어요? 윤지현
5 삶을 변화시킨 끄웨르바 이야기 김연수
6 아브라함의 생애 이규봉
7 홍정길 목사의 301가지 감동스토리 I 홍정길
8 홍정길 목사의 301가지 감동스토리 II 홍정길
10 왜 다윗인가? 강경민
11 언약, 신실하신 하나님의 약속 케이 아더
12 신앙생활 ABC 박광철
13 하나님, 솔직히 돈이 좋아요 김병삼
14 효과적인 복음전도 이렇게 하라 더글라스 포터
15 그리스도의 가상칠언 김경섭
16 하나님을 미소짓게 하는 이야기 김병삼
17 하나님을 눈물나게 하는 이야기 김병삼
18 희망을 노래하는 소나타 고신일
19 삶을 변화시키는 성령의 능력 해롤드 힐

VIII. 목회 · 교회 · 교육

1 가정교회를 일으켜라 래리 크레이더
2 교육전도사 매뉴얼 정삼희
3 교회 인사 행정론 김경섭
4 교회성장의 한계 이렇게 돌파하라 칼 죠지
5 목회 혁신 라일리 쉘러
6 너희 마음의 소원을 이루리로다 홍정길 · 이동원 외
7 감사의 향기 홍정길 · 이동원 외
8 가장 귀한 선물 홍정길 · 이동원 외
9 효과적인 목회전략 토니 모건 · 팀 스티븐스
10 성경이 말하는 방언 케이 아더
11 귀납적 성경연구 방법 케이 아더
12 성경을 효과적으로 가르치는 비결 케이 아더
13 예수 믿지 않는 사람들의 눈에 비친 교회 김병삼
14 열린 예배? 현대 예배! 김병삼
15 파워! 전도중심교회 김상현
16 영어성경으로 영어를 마스터하자 이용태
17 올드 앤 뉴 김우영 · 김병삼
18 장로교와 감리교 무엇이 다른가? 김우영
19 심방설교 핵심파일 프리셉트성경연구원
20 존 스토트 설교의 원리와 방법 안병만
21 청중을 사로잡는 설교자 캘빈 밀러
22 파워 설교 레그 그랜트 · 존 리드
23 팀사역 래리 길버트
24 팀으로 이끄는 교회 웨인 코디로
25 한국교회 목회자를 깨운다 김연택
26 원어로 여는 성경 안유섭
27 원어로 여는 로마서 1 안유섭
28 원어로 여는 로마서 2 안유섭
29 팀 시리즈 래리 길버트
30 하나님의 존재증거 케네스 보아 · 로버트 바우만
31 어린이들을 예수님께로 데이빗 스탈
32 십대를 변화시키는 라이프코칭 로저 크로스
33 진리를 갈망하다 래비 재커라이어스
34 나의 나 된 것은 하나님의 은혜라 케이 아더
35 하나님 이름에 숨겨진 비밀 케이 아더
36 네트워크 은사발견 사역 빌 하이벨스
37 위대한 교사 위대한 리더 게리 브레드펠트
38 성경길잡이 케이 아더
39 어린이 전도행전 홍영순
40 예수님의 비유를 풀어 쓴 천국 시크릿 김연수
41 교회 갈등, 이렇게 해결하라! 케네스 갱겔 · 새뮤얼 케이나인
42 좋은 교회에서 위대한 교회로 톰 레이너
43 사명을 수행하는 교회 데니스 비커스
44 설교, 그 영광의 사역 한진환
45 열정적 설교 알렉스 몬토야

IX. 핸드북

1 그리스도와 함께 앤드류 머레이
2 기도, 하나님과의 로망스 후안 카를로스 오르티즈
3 나를 연단하시는 하나님의 섭리 케이 아더
4 십자가 상의 일곱 마디 말씀 김경섭
5 소리나는 스프 홍정길
6 일상에서 배운 삶의 지혜 토드 템플
7 성공을 가로막는 일곱가지 장애 김병삼
8 성공을 디자인하는 삶의 비밀 피터 허쉬
9 인간관계, 감동으로 창조하라 윌리암 디엄
10 영성회복을 위한 40가지 열쇠 피터 허쉬
11 토마스 아 켐피스의 그리스도를 본받아 토마스 아 켐피스

BEST 출애굽기 I

Precept

저자	프리셉트팀		
초판 1쇄	2012년 2월 10일		
초판 2쇄	2014년 3월 7일		
발행인	김경섭		
국제총무	최복순		
총무	김상현	기획국장	김현욱
사역부	박상철	서적부	신충경, 양재성
편집부	고유영(편집실장), 박은실(팀장), 김지혜, 허윤희		
발행처	프리셉트선교회		
등록번호	108-82-61175		
일부총판	(사) 두란노서원 Tel. (02) 2078-3333 Fax. 080-749-3705		

서울시 동작구 사당로2가길 91 (우) 156-879
(서울시 동작구 사당5동 190-220 (우) 156-095)
Tel. (02) 588-2218 Fax. (02) 588-2268 www.precept.or.kr
국민은행 772-21-0310-382(김경섭)

값 4,500원
ISBN 978-89-8475-529-1 04230
ISBN 978-89-8475-456-0 04230 (세트)

독자 여러분의 의견을 기다립니다.
독자 전화 (02) 588-2218 / pmnqt@hanmail.net